Jedem sein **Grün!**

www.jedemseingrün.org

Impressum

ISBN: 978-3-7088-0544-3

Copyright: Kneipp-Verlag GmbH und Co KG, A-1010 Wien, Lobkowitzplatz 1, www.kneippverlag.com
Autoren: Judith Anger, Dr. Immo Fiebrig, Martin Schnyder
Lektorat: Mag. Eva Manhardt
Korrektorat: Mag. Franz Ebner
Coverfoto und Umschlaggestaltung: Christian Graf-Simpson
Art Direction/DTP/Bildbearbeitung: Werner Weißhappl, plan_w
Druck: Theiss GmbH, A-9431 St. Stefan

2., überarbeitete Auflage, April 2012

Judith Anger, Immo Fiebrig, Martin Schnyder

Jedem sein Grün!

Urbane Permakultur:
Selbstversorgung ohne Garten

Mit praktischen Tipps und einem Vorwort des
österreichischen Permakulturpioniers
Sepp Holzer

Inhalt

Vorwort von Sepp Holzer ——————————————————————— 6

Vorwort von Alfred von Liechtenstein und Claudia Evelyne Wagner ——————— 9

Einleitung des Autorenteams ———————————————————— 10

Permakultur: Natur & Leben ——————————————————— 13

Grundlagen ————————————————————————— 14

Geschichte der Permakultur ————————————————————— 18

Aus? Fort? Weiter? Bildung und Wissensvermittlung in der Permakultur ————— 23

Betonwüste & Bordüren ————————————————————— 25

Das Konzept der Stadt: Gestern, heute und morgen ——————————— 26

Wühlmäuse, Maulwürfe & Rebellen ————————————————— 33

Von der Insellösung zur Lösungsinsel ——————————————— 34

Von einer Insel zur anderen: Fernando de Noronha ——————————— 36

Friedensreich Regentag Dunkelbunt Hundertwasser ————————— 38

Château Villandry: Geometrie und Gemüse ————————————— 40

Eroberung der Vertikalen: Patrick Blanc ——————————————— 43

Guerilla Gardening: Ganz unpolitisch politisch, sanftmütig und sympathisch ——— 45

Vegetable Orchestra ————————————————————— 48

Chancen zwischen Dachfirst & Pflasterstein ————————————— 49

Warum wir alle Stadtgärtner werden sollten ————————————— 50

Urbane Selbstversorgung – eine Utopie? ——————————————— 51

Praktische Leitlinien und Ideen für eine Permakultur in der Stadt —————— 54

Designerschuhe aus – Gummistiefel an! ————————————— 65

Frisches Obst für die Ärmsten der Armen: Permakultur auf der Müllhalde ——— 66

Permakultur-Tipp: Müllbeet als Kegelbeet ————————————— 68

Todmorden: Zivilcourage und Bürgerinitiativen bewirken Positives ————— 70

Permakultur-Tipp: Kartoffelacker zu Hause ————————————— 72

Vom Zuccotti-Park aus in die Welt —————————————————— 73

Permakultur-Tipp: (K)einkaufswagen ——————————————— 75

Tomaten und frische Kräuter ohne Balkon oder Terrasse ————————— 76

Permakultur-Tipp: Salatampel —————————————————— 78

Baseler Elfengärtchen: Permakulturbalkon auf 1,2 x 1,8 m ————————— 79

Permakultur-Tipp: Bypassverfahren nach Holzer ——————————— 83

Qualitätshonig vom Dach der Wiener Staatsoper ——————————— 84

Permakultur-Tipp: Wie werde ich Stadtimker? ————————————— 85

Balkonoase in der Großstadt: Vom Betonofen zum essbaren Biotop ————— 86

Permakultur-Tipp: Regensammler —————————————————— 88

360 m²: Wandlung vom Ziergarten zur Apotheke Natur ——————————— **89**

Permakultur-Tipp: Hochbeetvarianten ————————————————————————— 90

Autarkiemodell: Wenn Eltern ihre Kinder vor Gen-Food schützen wollen ——— **92**

Permakultur-Tipp: Hagebutten-Apfelmus-Marmelade ——————————————— 97

Mexiko: Chilis inmitten von Banden und Bandidos ———————————————— **98**

Permakultur-Tipp: Saatbomben ——————————————————————————— 99

Israel: Von Krieg und Frieden im eigenen Haus ——————————————— **100**

Permakultur-Tipp: Sonnenumlenkung ————————————————————— 101

Pyramide, Gemüse, Schnecken & Enten: Permakultur mit Kindern ————— **102**

Permakultur-Tipp: Salatbaum oder Erdbeerbaum ——————————————— 104

Immigranten-Integrationsprojekt Traun ———————————————————— **105**

Permakultur-Tipp: Bodenlos kompostieren mit einer Wurmfarm ————————— 110

o'pflanzt is!: Ein Münchner Gemeinschaftsgarten entsteht —————————— **112**

Permakultur-Tipp: Essbare Pilzkulturen in der Stadt ——————————————— 116

Palaver unterm Apfelbaum im Landschaftsgarten Graz —————————— **118**

Permakultur-Tipp: Sonnenschutz durch Weinranken ————————————— 119

Wien: Grüne Fassaden und Dachgärten ———————————————————— **120**

Permakultur-Tipp: Planung für eine Dachfläche ————————————————— 124

Volkertmarkt Wien: Ein ganzes Viertel wird begrünt —————————————— **127**

Permakultur-Tipp: Bokashi-Methode zur natürlichen Düngung ————————— 131

Detroit: Einstige Motor City nutzt ihre alten Autoreifen neu ——————— **132**

Permakultur-Tipp: Solartrockner zum Selberbauen ——————————————— 136

Permakultur-Tipp: Brotbacken ——————————————————————————— 138

Pflanzenlatein ————————————————————————————————— **139**

Einleitung ——————————————————————————————————— **140**

Grundlagen und Pflanzen ———————————————————————————— **141**

Elfen, Heinzelmännchen & Gnome ——————————————————————— **155**

Saatgut, Pflanzen und anderes Nützliche für eine urbane Permakultur ——— **156**

Fortbildung Permakultur ———————————————————————————— **157**

Verzeichnis der Fachbegriffe —————————————————————————— **159**

Weiterführende Literatur und Quellen ————————————————————— **161**

Offener Brief von Sepp Holzer ————————————————————————— **164**

Danksagung ——————————————————————————————————— **166**

Bildverzeichnis ————————————————————————————————— **167**

Vorwort von Sepp Holzer

Seit meiner Jugend befasse ich mich mit der Permakultur, einem Wirtschaften im Einklang mit der Natur. Ich habe schon mehrere Bücher geschrieben, bei anderen bin ich Mitautor und aufgrund dessen bekomme ich sehr viele Rückmeldungen in Form von Briefen oder E-Mails aus der ganzen Welt. Nie hätte ich geglaubt, dass mein natürliches Denken und Handeln bei anderen auf solch eine Resonanz stoßen würde. Mein persönliches Interesse entwickelte sich bereits in früher Kindheit: Ich erlebte durch meine Pflanzen, Tiere und durch die Umgebung persönliche Erfolge, viel Freude und Zufriedenheit. Dabei lebten wir in schwierigen Zeiten: Meine Kindheit war nicht immer rosig, wir mussten auf dem Hof viel arbeiten und in der Schule gab es noch harte Strafen, wenn man einen Tag versäumte. Das Aufwachsen im Einklang mit der Natur hat mich andererseits gestärkt. Dadurch, dass ich alles „mit meinen Mitlebewesen" aussprechen, absprechen, besprechen konnte, sammelte ich wieder die notwendige Kraft, um weiterzumachen. Ich lernte meine Tiere und Pflanzen, meine Gärten und Tümpel zu schützen und zu beschützen.

Als ich den elterlichen Krameterhof 1962 übernahm, war ich überzeugt, dass es kein Problem sein würde, die Erfolge meiner Kindheit jetzt im größeren Maßstab zu wiederholen. Die Nachbarn hingegen konnten das nicht verstehen und noch weniger die zuständigen Behörden. Für jede geplante Neuerung musste ich Genehmigungen einholen, dazu teure Gutachten und Projektbeschreibungen erarbeiten lassen. Extreme Hindernisse und Auflagen, ja sogar hohe Strafen habe ich für den Schutz meiner Umwelt verhängt bekommen. Dennoch rückte ich von meinen Plänen nicht ab und führte all das durch, von dessen Korrektheit ich überzeugt war.

Die juristische Verfolgung meiner Person überschritt die Grenze des Erträglichen und Zumutbaren. Ich habe mich an höchster Stelle über das Verhalten der Verwaltung beklagt und bekam die Antwort: „Beschweren Sie sich bei den Politikern, denn die erlassen die Gesetze. Wir vollziehen sie nur. Wir haben nicht zu prüfen, ob die Gesetze richtig oder falsch sind, wir müssen lediglich sicherstellen, dass sie eingehalten werden." Ich dachte mir: Was sind das für Staatsdiener und Menschen, die etwas vollziehen, hinter dem sie gar nicht selber stehen und gleichzeitig keine Verantwortung für unsere Mitwelt empfinden? Mein Zorn auf die Behörden hat sich mit der Zeit in Dankbarkeit umgewandelt. Ich mache das, was logisch ist, weil natürlich. Ich konnte meine Taten verantworten und musste mir bei sogenannten Experten dazu keinen Rat einholen.

In der Zwischenzeit biete ich zusammen mit meiner Familie Permakultur-Ausbildungslehrgänge in verschiedenen Ländern an: am Krameterhof in Österreich sowie in Russland, der Ukraine und

Portugal. Die Begeisterung und die Dankbarkeit der Teilnehmer bestärkt uns darin, unsere Arbeit zu intensivieren. Es freut mich ganz besonders, dass viele der Teilnehmer bereits in Sachen Holzer'scher Permakultur „Feuer gefangen", sich eigene Grundstücke und Bauernhöfe gekauft haben und diese als Permakultur bewirtschaften.

Mit dem vorliegenden Buch haben Absolventen meiner Kurse erstmals über die Holzer'sche Permakultur im urbanen Bereich ein Buch geschrieben: Judith Anger als Eventmanagerin und Gastronomin, Dr. Immo Fiebrig als promovierter Pharmazeut sowie Martin Schnyder als Landschaftsgärtner. Das bewundere ich sehr und es bestätigt die Richtigkeit meiner Arbeit umso mehr. Gerade die urbane Permakultur ist mir ein ganz dringendes Anliegen, denn sie kann Menschen in der Stadt einen reichhaltigeren Lebensraum bieten. Hier haben Bürger auch Möglichkeiten, sich ihre Lebensmittel selbst anzubauen.

Sie können sich sicher sein, dass das Gemüse, Obst sowie die Kräuter frisch und von Agrochemikalien frei sind und ressourcenschonend und ohne Gentechnik hergestellt wurden.

Ich hoffe gleichzeitig, dass sich in der nachfolgenden Behörden- und Politikergeneration etwas zum Positiven verändert; Nachwuchs-Permakulturisten werden ihre Natur und Mitwelt verteidigen, ähnlich wie ich es mit Erfolg bis heute gemacht habe. Ich wünsche den Lesern dieses Buches viel Freude beim permakulturellen Experimentieren in der Stadt. Im Anhang wurde zusätzlich ein Auszug meines offenen Briefes an Politik, Wirtschaft und Wissenschaft abgedruckt. Dieser Brief ist vollständig unter www.krameterhof.at nachzulesen. Er zeigt auf, wie sich die Misserfolge in Land- und Forstwirtschaft sowie im Gesundheitsbereich dramatisch verdichten.

Sepp Holzer, Frühjahr 2012

Vorwort von Alfred von Liechtenstein und Claudia Evelyne Wagner

Weltweit gibt es derzeit etwa 1,5 Milliarden Hektar landwirtschaftliche Flächen. Die statistische Fläche hingegen, die einen Menschen ernährt, schrumpft beständig und beträgt heute nur noch circa 0,22 ha pro Kopf. Dieser Wert wird in den nächsten Jahren auf etwa 0,1 ha pro Person sinken.

Das vorliegende Buch gibt, aufbauend auf dem Konzept der Permakultur, einen guten Überblick über verschiedenste Modelle, Ansätze, Techniken, Arbeitsweisen und Praktiken im Bereich intensiver Gartenbaumethoden auch und gerade auf kleinsten Flächen – deutlich kleiner als die besagten 0,1 ha – und es bietet einen Werkzeugkasten für Menschen, die sich gesund ernähren, weitgehend selbst versorgen oder sogar autark leben wollen. Damit trifft dieses Buch den Nerv der Zeit und wir wünschen ihm den Erfolg, den es verdient.

**Alfred von Liechtenstein,
Vorstandsmitglied des Vereins Perma Vitae**

Die Zeit ist reif, alle Ängste abzugeben, aufzustehen, an sich selbst und die eigene Kraft zu glauben, unserem Gefühl und unserer Intuition zu vertrauen, unsere eigenen Fähigkeiten, Talente und Kreativität zu erkennen und auszubauen. Schaffen wir gemeinsam mit all unserer Kraft eine neue Lebensweise, eine Welt auf der Herzensebene, wo das Wissen und unser Verstand im Dienst des Lebens stehen, an allen Orten und zu jeder Zeit. Gestalten wir uns ein Leben in Freiheit, sinnerfüllt, wertvoll, friedlich, erfreulich und vor allem in aufrichtiger Liebe, gegenüber uns selbst und unseren Nächsten.

Drei Autoren haben sich zusammengefunden und mit großem Eifer Berichte von Menschen gesammelt, die aus der „künstlich" erzeugten Welt heraustreten und mit außergewöhnlichen Ansätzen zurückkehren zu Mutter Natur und damit in eine neue und selbstbestimmte Lebensweise eintreten. Möge dieses Buch viele Menschen begeistern und zu eigenem kreativen Handeln inspirieren.

**Claudia Evelyne Wagner,
Vorstandsmitglied des Vereins Perma Vitae**

Einleitung des Autorenteams

Ende Mai 2010: Die wärmende Sonne wird sehnsüchtig erwartet, von Pflanzen, Tieren und von uns Menschen. 28 Seminarteilnehmer haben sich in einer Blockhütte auf 1.300 Metern Höhe zusammengefunden, wo die winterliche Kälte des Lungau noch gefangen zu sein scheint. Die Anwesenden kommen hauptsächlich aus Deutschland, der Schweiz und aus Österreich, sind in Finanzwesen, Handwerk, Gesundheitswesen, Medien und in der Landwirtschaft tätig.

Es ist der Krameterhof, auf dem wir gespannt das Erscheinen von Sepp Holzer erwarten. Wir sind eine Gruppe, die auf ihrem Lebensweg nach einer erfüllenderen Beschäftigung sucht als dem bisherigen Hamsterradrennen, mit einem Blick auf die ökologischen wie ökonomischen Herausforderungen der kommenden Jahrzehnte. Wir sind Nachwuchsrebellen, die die „Arche Noahs bauen, beladen, führen und vervielfältigen" möchten.

Rückblickend hat die einjährige Ausbildung zum Permakulturpraktiker mit Sepp Holzer vermutlich bei jedem Teilnehmer tiefgreifende und zugleich positive Veränderungen im Leben ausgelöst, beruflich wie privat. So mancher Leser wird sich vielleicht fragen: Was bringt eine österreichische Eventmanagerin (Judith Anger), einen deutschen Pharmazeuten (Dr. Immo Fiebrig) und einen Schweizer Gartenbauer (Martin Schnyder) dazu, gemeinsam ein Buch zu schreiben? Der rebellische und zugleich naturliebende Geist Sepp Holzers, der uns angesteckt und für das Entstehen dieses Projektes zusammengeschweißt hat.

Judith Anger: „Mir ist es mit diesem Buch ein Anliegen, zu vermitteln, dass der Anbau von essbaren Pflanzen und deren Früchten für jeden möglich ist. Es ist so leicht, dass es vielen sogar zu einfach erscheint. Aber man muss nur sein Hirn einschalten, darüber nachdenken und es tun. Es gibt keine Ausrede! Und wenn nach diesem Buch noch Fragen offen sind, dann fragen Sie uns. Wir stehen Ihnen gerne mit Rat und Tat zur Seite, aber TUN müssen Sie es letztendlich selbst! JEDEM SEIN GRÜN."

Immo Fiebrig: „Die Pharmazie ist mein Beruf, die Gesunderhaltung der Menschen und unseres irdischen Ökosystems meine Berufung. Ich war schon als Kind um den Umweltschutz besorgt. Mit zwölf Jahren schrieb ich im Deutschunterricht mit Leidenschaft einen Aufsatz über die zunehmende Zerstörung der Naturlandschaften. Thema verfehlt, hieß es. Ich bekam einen 5er – die erste und letzte schlechte Note zu Schulzeiten. Was hatte ich daraus gelernt? „Dieses Thema ist ein heißes Eisen – lass es lieber." Auf der Suche nach meiner Berufung traf ich mehr als 30 Jahre später auf Sepp Holzer. Ab da wurde vieles anders. Ich weiß, dass die Permakultur jetzt mein Wegbegleiter sein wird – mit meiner Begeisterung für das Thema Natur möchte ich nun die Leser anstecken."

Martin Schnyder: „Alle Augen schauen, wenige beobachten, sehr wenige erkennen. Dieses Zitat von Albert Sánchez Piñol ist mir vor 3 Jahren begegnet. Ich habe es ausgeschnitten und aufgehängt. Seine Bedeutung ist in dieser Zeit gewachsen und ich will nicht mehr zu den Menschen gehören, die einfach nur schauen oder besser gesagt: wegschauen. Beobachten, Erkennen und Handeln ist angesagt. Viel Zeit ist vergangen, bis ich begreifen durfte, was für ein wertvolles Geschenk Mutter Natur uns gegeben hat und für deren Erhaltung es sich zu kämpfen lohnt. Sie hat uns ein perfektes System von Zusammenhängen und Verbindun-

gen anvertraut, die wir nur zu verstehen und zu nutzen brauchen. Wir müssen bereit sein, unsere Sinne dafür zu öffnen und zu erkennen. Mit diesem Buch kann ich hoffentlich vollbringen, was mir besonders am Herzen liegt: Helfen, der Natur den Platz im Leben zu geben, den sie auch verdient. Nicht irgendwo am Rande, sondern mittendrin. Mein Verständnis ist gewachsen. Der Kreis hat sich geschlossen. Treten Sie ein und lesen Sie, wie Menschen auf dieser Welt leisten, was viele nicht einmal mehr zu denken wagen. Das anzupacken, was jeder selbst wirklich vollbringen kann. Tanken Sie mit uns Mut, Kraft und Zuversicht!"

Genderhinweis

Berufsbezeichnungen und Substantive, die den Träger eines Geschehens bezeichnen (Nomina agentis) werden im Buch durchgängig im generischen Maskulinum wiedergegeben. Dies bezieht auch weibliche Personen ein, sofern nicht gegenteilig angegeben. Anders ausgedrückt: Wir verzichten im Sinne eines lockeren Lesens auf die Verwendung der heute „politisch korrekten" Bezeichnungen „ Leserinnen und Leser " oder „LeserInnen", im Regelfall meinen wir natürlich stets Damen und Herren.

Dieses Buch soll Stadtmenschen, die Veränderung in ihrem Leben suchen, helfen, ihre Lebenszeit sinnvoll zu nutzen, mit mehr Freude und Befriedigung am und im Leben. Dazu gehört unserer Meinung nach eine enge Verbindung zu Landschaft, Pflanzen, Tieren und Mitmenschen. Wir möchten zeigen, dass jeder, wirklich jeder, eigenverantwortlich einen Beitrag für sein eigenes Wohlergehen leisten kann, ohne andere Lebewesen oder Systeme ausbeuten zu müssen. Auf die Erzeugung von Lebensmitteln bezogen heißt dies: Wenn der Großteil der Weltbevölkerung in Städten lebt und mitunter, wie in Deutschland, weniger als 1 % der Bevölkerung Landwirte sind, muss Veränderung von den Konsumenten und von der Stadt ausgehen. Zur Veränderung gehört auch eine positive Vision, nicht nur ein „Kampf gegen ..." Eine solche Vision bietet die Permakultur, mitsamt dem Bewusstsein für die Zusammenhänge unseres Systems sowie der Lust auf Selbstverantwortung und Selbstbestimmung.

In diesem Sinn wünschen wir viel Spaß beim Lesen und vor allem beim selbstständigen Werken und Experimentieren: Jedem sein Grün!

Das Autorenteam in der Casa Lovera, Piemont, Italien, Frühjahr 2012

… Muss nur noch kurz die Welt retten,
danach flieg ich zu dir.
Noch 148.713 Mails checken,
wer weiß, was mir dann noch passiert,
denn es passiert so viel.
Muss nur noch kurz die Welt retten und
gleich danach bin ich wieder bei dir …

Tim Bendzko

Permakultur: Natur & Leben

Grundlagen

Wer den Begriff „Permakultur" zum ersten Mal hört, reagiert häufig verwirrt. Es hat nichts mit „Permafrost" zu tun, wie manch einer meinen könnte. Permakultur ist ein Kunstwort, das sich aus den englischen Begriffen **permanent** und **agriculture** zusammensetzt und so viel heißt wie „beständige Landwirtschaft".

Permakultur ist Landwirtschaft im Einklang mit der Natur und nicht im Kampf gegen sie

In gewisser Weise steht Permakultur im Gegensatz zur sogenannten konventionellen Landwirtschaft, wie wir sie kennen: Letztere beinhaltet Monokulturen auf überwiegend großen Flächen; hier wird lediglich eine Nutzpflanze angebaut, beispielsweise Kartoffeln oder Weizen. „Konventionell" hört sich harmlos an. Daran dürfte doch eigentlich nichts verkehrt sein. Es ist weltweit die häufigste Form der Landwirtschaft. Der Haken ist: Monokulturen kommen ohne Düngemittel (Kunstdünger), Pestizide (Insektengifte), Herbizide (Unkrautvernichter), Fungizide (Pilzgifte) und intensive Bewässerung in der Regel nicht aus. Bill Mollison, einer der führenden Vertreter der Permakultur, ist der Meinung, die Monokultur sei eine lächerliche Erfindung des Menschen gewesen. Sie liefert mengenmäßig zwar gute Erträge, was aber durch die schleichende Vergiftung der Umgebung nur kurz- und mittelfristig funktioniert. Ernteausfälle sind nämlich vorprogrammiert und langfristig wird wertvolles Land durch Chemikalien, Bodenverdichtung und Erosion zerstört.

Konventionelle Landwirtschaft: wirklich wirtschaftlich?

Im Wettbewerb um höhere Ernteerträge und normiert aussehendes Obst und Gemüse ist die konventionelle Landbewirtschaftung somit praktisch vollständig von dem Industriezweig der Agrochemie abhängig geworden und umgekehrt. Damit hängt auch die Saatgutindustrie zusammen, welche vielfach das sogenannte Hybridsaatgut herstellt, das ohne Chemikaliengebrauch oft keinen Ertrag liefern würde. Verheerend wirkt sich diese Form der Bewirtschaftung nicht nur in den wirtschaftlich schwachen Ländern dieser Erde aus. Einzelne Bauern müssen sich verschulden, um Chemikalien und Saatgut, oft als Importware, teuer einzukaufen – der Verkaufserlös der landwirtschaftlichen Produkte Monate später richtet sich jedoch nach dem Diktat des Abnehmers, der auf die Produktionskosten des Bauern keine Rücksicht nimmt. Richtig kriminell wird es bei der Nutzung von genmanipuliertem Saatgut – hier steht die finanzielle Monopolisierung durch Patentierung und Hochtechnisierung im Vordergrund. Das (stille) Sterben der Honigbienen steht auch mit der konventionellen Landwirtschaft in Verbindung. Durch die chemischen Spritzmittel und ihre Wirkung auf das Nervensystem von Insekten (und anderen Lebewesen!) verlieren Bienen die Orientierung und „fliegen sich zu Tode". Das rasche Abernten riesiger landwirtschaftlicher Flächen führt zudem dazu, dass der Ort, an dem es zuvor noch reichlich Futter in Form von Pollen und Nektar gab, plötzlich zur Wüste wird. Weit und breit keine Nahrung mehr für Insekten, die von den Blütensäften leben. **Mit dem Aussterben von Bienen ist die gesamte Nahrungsmittelproduktion für den Menschen in Gefahr.**

Zahlen zur Agrochemie im Jahr 2010

Pflanzenschutzmittel

Pflanzenschutzmarkt **Deutschland Gesamtumsatz: 4.090 Milliarden €** (Inland und Export)

Pflanzenschutzwirkstoffproduktion in Deutschland: 97.636 Tonnen
Wirkstoffexport der IVA-Mitgliedsfirmen: 105.678 Tonnen*

Umsätze an Pflanzenschutzmitteln für Haus und Garten (IVA-Mitgliedsfirmen): **fast 100 Millionen €**
für Herbizide, Insektizide, Fungizide, Molluskizide, Rodentizide, Haushaltsinsektizide und sonstige Produkte

Pflanzenschutzmarkt **weltweit Gesamtumsatz: 28,9 Milliarden €**

Düngemittel

Düngemittelabsatz Düngejahr 2009/2010 für 3 Hauptnährstoffe (Stickstoff, Phosphat, Kali)

Welt:163,70 Millionen Tonnen, davon Europa: 14,90 Millionen Tonnen, davon Deutschland: 2,20 Millionen Tonnen

Fazit: Agrochemie ist ein gigantisches Geschäft!

Quelle: Jahresbericht 2010/2011, Industrieverband Agrar e.V. (IVA), Deutschland, Zahlen zum Teil zusammengefasst und gerundet. *Wirkstoffexporte z.T. aus Lagerbeständen

Die Geschichte der „Bio-Bewegung"

Aufgrund des wachsenden Bewusstseins für qualitativ hochwertige Grundnahrungsmittel beim Verbraucher haben sich die heute erhältlichen Bioprodukte entwickelt. Als Vorläufer der Biowelle entstand Mitte des 19. Jahrhunderts, insbesondere in Deutschland und der Schweiz, die Lebensreformbewegung, welche Industrialisierung, Urbanisierung, Materialismus und die Abkehr vom Natürlichen kritisierte. 1900 wurde das erste Reformhaus in Deutschland eröffnet. Das Wuppertaler Einzelhandelsgeschäft des Begründers Karl August Heynen wurde zum Modell für nachfolgende Reformhäuser (der Schwerpunkt liegt heute auf ernährungsphysiologischen Aspekten – Diäten, Allergien und Unverträglichkeiten –, weniger auf der biologischen Anbauweise).

Bioläden, auch Naturkostläden genannt, verkaufen die Produkte aus der ökologischen bzw. biologischen Landwirtschaft. Diese verpflichtet sich, im Ackerbau u.a. auf chemische Pflanzenschutzmittel, Mineraldünger und Gentechnik

Ökologische Landwirtschaft

Biologisch-dynamische Wirtschaft-weise: 1924 durch Rudolf Steiner und seine anthroposophische Lehre begründet. Die Produkte gelten als qualitativ hochwertig und werden unter dem Markenzeichen „Demeter" in Bioläden vertrieben. In der biologisch-dynamischen Landwirtschaft werden Mondphasen und Planetenpositionen berücksichtigt, ferner kommen spezielle „Präparate" zur Anwendung, z.B. aufwändig hergestellte, natürliche Düngerzusatzpräparate oder homöopathische Zubereitungen.

Organisch-biologische Landwirtschaft: Sie entwickelte sich in den 1950er Jahren aus der Lebensreformbewegung heraus. In den 1960er Jahren stellten in Deutschland erstmals Betriebe auf organisch-biologischen Landbau um, 1971 gründete sich der Anbauverband Bioland (ökologischer Anbauverband). Die Richtlinien sind unter www.bioland.de abrufbar. Heute ist diese Form der Landwirtschaft unter den Begriffen ökologische oder biologische Landwirtschaft oder Ökolandbau bekannt. Man verzichtet auf den Einsatz von sogenannten chemischen Syntheseprodukten (Kunstdünger, Fungi-, Herbi- und Insektizide), der Pflanzenschutzmitteleinsatz ist eingeschränkt, die Düngung geschieht durch Mist, Gülle oder Grünmaterial; Schädlings- und Unkrautbekämpfung erfolgt überwiegend mechanisch, thermisch, biologisch oder mit natürlichen Präparaten.

(weitgehend) zu verzichten. Auch dürfen den verkaufsfertigen Produkten keine Geschmacksverstärker, künstliche Aromen, Farb- oder Konservierungsstoffe beigefügt werden. Geschichtlich wird im deutschsprachigen Raum noch zwischen der biologisch-dynamischen Wirtschaftsweise und der organisch-biologischen Landwirtschaft unterschieden.

Biosiegel ist nicht gleich Biosiegel

Die Mindeststandards der Bioproduktion werden auf EU-Ebene durch die „Europäische Öko-Verordnung" und von staatlichen Bundesämtern festgelegt. Bioanbauverbände hingegen haben oft strengere Richtlinien. Während die Mindeststandards im EU-Raum auch erlauben, den Betrieb nur teilweise umzustellen, das heißt z.B. die Tierhaltung konventionell und den Ackerbau nach Biorichtlinien zu betreiben, erlauben das die Bioanbauverbände nicht. Die wichtigsten Verbandssiegel sind: In Deutschland Demeter, Bioland, Naturland, Biokreis, Ecoland, Gäa, Ecovin und Biopark. In Österreich Bio Austria und in der Schweiz Bio Suisse. Weitere Informationen zu den verschiedenen Verbänden finden Sie im Internet unter den jeweiligen Namen.

Die Einhaltung der Bedingungen, die dem Öko-siegel zugrunde liegen, können bestenfalls einmal jährlich überprüft werden, was einer Momentaufnahme entspricht. Was dazwischen geschieht, weiß wohl außer dem Betreiber selbst niemand so genau. Das größere Problem hat die Bio-Bewegung jedoch weniger in der ökologischen Produktionsweise als vielmehr in der Vermarktung, wie das jüngste Beispiel in Italien zeigt. Das schadet dem Sinn und Zweck all derer, die sich im Biobereich redlich engagieren und aufzeigen, dass es möglich ist, biologisch zu bewirtschaften und davon zu leben.

Angesichts der verursachten ökologischen Schäden im Erzeugerland (Urwaldzerstörung) und in Anbetracht des notwendigen Transportaufwands ist es fraglich, ob es für einen Biobetrieb grundsätzlich zulässig sein sollte, (Bio-)Soja aus Brasilien zu importieren. In der Biobranche scheiden sich die Geister, ob es aus wirtschaftlichen Gründen erlaubt sein soll, Futter zuzukaufen bzw. zu

importieren oder man nicht besser den Betrieb in Kreislaufwirtschaft führt. Diese Art der biologischen Bewirtschaftung kommt der Permakultur am nächsten. Die Permakultur geht einige Schritte weiter als die biologische Landwirtschaft – man kann sagen, sie ist ganzheitlicher. Permakultur zielt auf den Aufbau kompletter Ökosysteme ab, die der Ernährung dienen sollen, jedoch auch der Wasserversorgung und Energieerzeugung. Hinzu kommt die Einbeziehung ökologischer Architektur (z.B. Lehmbau) und der Aufbau nachhaltiger und friedlicher Lebensgemeinschaften ("soziale Permakultur"). Im Gegensatz zu einer sukzessiven Ausbeutung der landwirtschaftlichen Flächen bewirkt Permakultur eine zunehmende Aufwertung von bereits zum Teil halbverwüsteten Flächen. Ziel ist der Aufbau von landwirtschaftlichen Mischkulturflächen und "essbaren Landschaften". ◆

Focus Online, 13.12.2011:

„Erst in der vergangenen Woche wurden in Italien Tonnen von gefälschten Biolebensmitteln entdeckt. Jetzt kam heraus: Einige der Waren wurden in Deutschland verkauft." Ein Leserkommentar von **mandelkern** dazu: „Das ist nur die Spitze des Eisberges [...] Echtes Bio-Gemüse oder -Obst erkennt der Verbraucher am Duft und Geschmack, das ist ein Unterschied wie Tag und Nacht. Wenn ich fades oder schweflig riechendes italienisches ‚Bio-Gemüse' kaufe, nach dessen Genuss ich Ausschlag bekomme, dann bin ich mir 100 % sicher, das Etikett ist gefälscht."

Geschichte der Permakultur

Der Begriff Permakultur ist in den angelsächsischen Ländern wie Australien, England, Irland oder den USA bereits wesentlich bekannter und etablierter als bei uns. Dies hängt vermutlich damit zusammen, dass die „Väter der Permakultur" Bruce Charles Mollison (bekannt als „Bill" Mollison) und David Holmgren gebürtige Australier sind und sich ihre Fortbildungsprogramme und Bücher zunächst im englischsprachigen Raum verbreiteten, bevor das Material in andere Sprachen übersetzt wurde.

Bill Mollison

Jahrgang 1928, wurde in Stanley, Tasmanien geboren. Tasmanien ist die größte Insel Australiens und der südöstliche Zipfel des Kontinents. Dort gibt es noch relativ viel unberührte Natur. Mollison entwickelte die Prinzipien eines Lebens im Einklang mit der Natur, etablierte den Begriff Permakultur in den 1970er Jahren und verbreitete seine Erkenntnisse zusammen mit David Holmgren. 1981 wurde ihm der Alternative Nobelpreis (Right Livelihood Award) verliehen. „Der Verlust des Waldes bedeutet den Verlust unseres Bildungssystems, unseres wahren Lehrmeisters: der Natur. Verlieren wir unsere Universitäten ..., dann verlieren wir gar nichts. Wenn wir den (Ur-) Wald verlieren, verlieren wir alles!" (sinngemäß übersetzt aus dem Video Bill Mollison on Permaculture, youtube.com). Mit der ersten Buchveröffentlichung 1978 unter dem Titel Permaculture One zusammen mit Holmgren setzte er eine internationale Bewegung für einen sinnvollen Umgang mit Landflächen in Gang, gefolgt vom Buchtitel Permaculture Two. In der Permakultur, so Mollison, gibt es keinen Platz für Politiker, Verwalter oder Priester. Es gibt keine Gesetze, nur eine Ethik der Fürsorglichkeit und Achtsamkeit für unsere Erde und die Menschen sowie eine Ethik der Reinvestition in ebendiese Fürsorge und den Schutz der Ressourcen (zusammengefasst übersetzt aus dem Interview von Scott London mit Bill Mollison, 2005, Permaculture: A Quiet Revolution und www.tagari.com/bills_journal). Mit über 80 Jahren lebt er heute in Sisters Beach, Tasmanien.

David Holmgren

Er ist der jüngere australische Permakulturist und Mitspieler von Mollison. Er wurde 1955 in Westaustralien geboren und steht für einen nachhaltigen Lebensstil, der attraktiver ist als unser „Konsumismus in Abhängigkeit". Holmgren hat weltweit Permakulturkurse geleitet und bei Projekten beraten. Er lebt in seinem Permakulturgarten, der unter dem Namen Melliodora – Hepburn Permaculture Garden unweit von Melbourne zu besuchen ist. Einschlägige Informationen sind auf der Webseite www.holmgren.com.au zu finden, einschließlich eines gratis herunterladbaren E-Buches mit dem Titel Essence of Permaculture in Englisch, Französisch, Spanisch, Portugiesisch, Hebräisch (... leider noch nicht auf Deutsch) und zwei Permakulturliedern, für jene Leser, die Lust auf musikalische Untermalung aus dem Web haben.

An dieser Stelle möchten wir zum nächsten prominenten Vertreter der Permakultur übergehen, ohne den dieses Buch von dreien seiner Schüler nicht geschrieben worden wäre:

{ **Beim** Anlegen von Terrassen, Teichen oder Dämmen ist manchmal auch schweres Gerät vonnöten. }

Sepp Holzer

Jahrgang 1942, als Bergbauernsohn am Krameterhof im Lungau, dem Sibirien Österreichs, auf 1.300 Höhenmetern geboren, konnte er bereits als Kind auf einer vom Vater zugewiesenen kargen Fläche experimentieren. Dabei lernte er, was die Erzeugung eines Mikroklimas bedeutet: Eine sogenannte „Ungunstlage" kann durch scharfe Beobachtung der Natur und durch einfache menschliche Eingriffe in ein wertvolles, ertragreiches Biotop umgewandelt werden. Als Sepp mit 19 Jahren den väterlichen Hof 1962 übernahm, sah er sich einer wesentlichen Herausforderung gegenüber: Um nicht dem Diktat schwankender Preise für landwirtschaftli-

che Erzeugnisse zu unterliegen, musste er sich spezialisieren, paradoxerweise eben durch Diversifizierung. Er legte Teiche und Terrassen an, betrieb Fisch-, Wildrinder- und Pilzzucht und fand besonders zahlungswillige Abnehmer für seine seltenen, aber ausgesprochen aromareichen Obstsorten, die am regulären Markt nicht verkäuflich gewesen wären. Die gesamte Bewirtschaftung des Selbstversorgerhofes wurde auf Vielfalt ausgerichtet. Es wurde nicht das kultiviert, was jeder andere Bauer auch erzeugt, sondern Besonderheiten. Er hatte schnell den Ruf eines „Spinners" und musste sich als „Agrar-Rebell" gegen die regulierenden Übergriffe der Behörden zur Wehr setzen.

Die staatlich verordneten und geförderten Fichtenmonokulturwälder seiner Nachbarn haben in den letzen Jahren schwere Sturmschäden erlitten. Zugleich nehmen sich subventionsabhängige Landwirte ringsum das Leben, weil sie hochtechnisiert (für das Ernten von Heu in Steilhanglagen) in die Schuldenfalle geraten sind, Hof wie Land und damit die Existenzgrundlage verloren haben.

Mittlerweile hat Sepp Holzer seinen Hof an den Sohn Josef Andreas Holzer übergeben und reist durch die Welt, um seine lange vor Mollison selbst entwickelten Prinzipien einer nachhaltigen Landwirtschaft im Rahmen von Projektberatungen weiterzugeben. Nach dem Bekanntwerden der Permakultur Mollisons und Holmgrens taufte Sepp Holzer seine Bewirtschaftungsweise auf vielfachen Wunsch „Holzer'sche Permakultur" – sie beruht auf einem Denken in Zusammenhängen und Wechselwirkungen, nicht linear, sondern zirkulär, mit fortlaufenden Rückkopplungsschleifen:

● Alle Elemente eines Ökosystems sind **miteinander verbunden** und wirken aufeinander, wobei **Vielfalt der Arten** von Pflanzen und Tieren zu bevorzugen ist.

● Die einzelnen Bestandteile – Pflanzen, Insekten, Tiere, Wasserflächen, Erde, Felsen usw. – erfüllen **mehrere Funktionen**; auch werden sie von mehreren Elementen gestützt und gefördert.

● Ressourcenraubende Verfahren werden durch **energieeffiziente Prozesse** ersetzt, Hochtechnisiertes durch **„Lowtech"**.

● Nutzung der vor Ort gegebenen **natürlichen Ressourcen**, Materialien und „Abfälle", z.B. Biomasse, Humus, Lehm, Wasser – keine Rohstoffimporte aus weit entfernten Regionen und Ländern.

● **Intensive Nutzung** der Bestandteile **auf kleinem Raum**, wobei diese sich **gegenseitig fördern** und unterstützen, z.B. durch **Zusammensetzen** verschiedener Pflanzen (da sie sich in der Entwicklung gegenseitig helfen) oder durch geschickte **Strukturierung** ebener Flächen mittels Hügelbeeten, Kräuterspiralen (in die Höhe) oder Kratergärten, Kegelbeete (in die Tiefe).

● Entscheidend ist das aufmerksame **Beobachten**, Berücksichtigen und Respektieren **natürlicher Prozesse**.

Zur Lösung großflächiger Problemstellungen mittels Landschaftsgestaltung nutzt Sepp Holzer auch schweres Gerät wie Bagger und Bulldozer. Mittels seiner Techniken können ganze Landstriche, die vor der Verwüstung stehen, wieder renaturiert werden, wie in seiner jüngsten Buchveröffentlichung Holzer'sche Permakultur jetzt! Wüste oder Paradies (2011) dargestellt.

Entwurzelung

„Es scheint, als würden viele mit dem Leben in dieser Gesellschaft kaum noch zurechtkommen – Einsamkeit, Depression, Krankheit sind die Folgen. Der Hauptgrund liegt meiner Meinung nach in der ‚Entwurzelung', im Verlust der Verbindung zur Natur ..." (Sepp Holzer in seinem Buch **Wo ein Wille, da ein Weg**)

Joe („Sepp") Polaischer

Er stellt sozusagen die interkulturelle Verbindung zwischen Mollison/Holmgren und Sepp Holzer dar. Leider verstarb Polaischer am 14. Februar 2008 nach kurzer Krankheit auf seiner Rainbow Valley Farm in Neuseeland. 1946 geboren wuchs er nach dem 2. Weltkrieg auf einem Bergbauernhof in der Weststeiermark in Österreich auf, wo er bereits seine Permakultur lebte: ohne Strom, fossile Brennstoffe oder Telefon – wenngleich es

{ **Durch** den Aufbau einer Kräuterspirale mithilfe von Steinen erzeugt man Zonen mit unterschiedlichen Feuchtegraden. Pflanzen mit verschiedenen Ansprüchen an die Bodenverhältnisse können somit an einem Ort gezogen werden. Gleichzeitig nimmt das Gestein tagsüber Hitze auf, die nachts sukzessive an das Erdreich abgegeben wird (Wärmefalle). }

den Begriff Permakultur damals noch nicht gab. 1984 besuchte er den ersten Permakultur-Designkurs nach Mollison. 1988 etablierte er sich in Neuseeland mit seiner Frau Trish auf einem heruntergewirtschafteten, erodierten und unkraut- sowie ungezieferverseuchten Stück Land, das in über 20-jähriger Arbeit in einen Permakulturhof umgewandelt wurde. Der Hof, so Polaischer, war seine Universität. Wie Sepp Holzer galt er als ein Rebell, als Kämpfer für den Schutz der Umwelt, für Nachhaltigkeit und Autarkie, er leitete viele Fortbildungen, auch in Österreich über den Verein Perma-Norikum in Wels. Die reichhaltig bebilderte Webseite ist unter www.rainbowvalley.co.nz abzurufen. Joe Polaischer war mit Sepp Holzer

befreundet und besuchte den Krameterhof auf seinen Reisen nach Europa. Er schrieb das Geleitwort zum Buch Sepp Holzers Permakultur. Praktische Anwendung für Garten, Obst und Landwirtschaft. Polaischer stand für einen Paradigmenwechsel in Richtung neuer, ethisch-ökologisch ausgerichteter Werte im Rahmen einer „Biokratie".

{ **Visionär**
„Permakultur funktioniert überall, in der Wüste, in kalten Gebieten, auch in der Stadt – urbane Permakultur kommt mehr und mehr." (Joe Polaischer in einem WUK-Radio-Interview im September 2007, wenige Monate vor seinem Tod) }

Masanobo Fukuoka

Die Liste wäre ohne ihn unserer Meinung nach nicht vollständig. Leider lebt Masanobo Fukuoka auch nicht mehr. Er wurde 1913 in Japan geboren. Seine Laufbahn war, als Sohn eines wohlhabenden Großgrundbesitzers, zunächst eine akademische. Er studierte Mikrobiologie sowie Agrarwissenschaften und spezialisierte sich auf die Erforschung von Pflanzenkrankheiten. 1975 veröffentlichte er sein erstes Buch über eine natürliche Landwirtschaft, das 1978 ins Englische übersetzt wurde (Natural Farming). Ab 1979 begann er seine internationale Reise- und Vortragstätigkeit. Fukuoka starb 2008 im Alter von 95 Jahren. Auf ihn geht die Wiederentdeckung der Samenbomben zurück, die von den Guerilla-Gärtnern weltweit genutzt werden (siehe S. 99). ●

Die Natur ist der beste Farmer
Fukuokas „Nichts-tun-Landwirtschaft" basiert auf seiner Überzeugung: Die Natur ist in der Lage, sich selbst zu erhalten, und bedarf der menschlichen Eingriffe nicht. Also sollte man sie in Ruhe lassen, sich gemäß dem chinesischen Wuwei-Prinzip eines gegen die Natur gerichteten Handelns enthalten.

Durch das Anlegen von Pflanzgemeinschaften, im Gegensatz zu Monokulturen, sollen sich die verschiedenen Arten gegenseitig fördern. Hier wird die Salatpflanze in den Schatten umgebender hochwachsender Pflanzen gesetzt.

Aus? Fort? Weiter? Bildung und Wissensvermittlung in der Permakultur

An dieser Stelle möchten wir dem Leser einige Leitlinien in die Hand geben – als Orientierung für ein Handeln im Einklang mit der Natur. Wer sich im Bereich der Permakultur weiterbilden möchte, hat mehrere Möglichkeiten.

Zunächst gibt es bereits umfassende Literatur der oben genannten Permakulturisten Mollison, Holmgren, Holzer, Polaischer und Fukuoka sowie anderer Autoren (zum Teil sind dies Schüler der genannten „Meister der Permakultur", siehe Literaturliste am Ende des Buches). Eine andere interessante Quelle ist z.B. youtube.com im Internet. Hier findet sich eine unglaubliche Vielfalt an einschlägigen Beiträgen, allerdings auch von unterschiedlichster Qualität.

Für einen praktischen Einstieg lohnen sich die verschiedenen Kurse (siehe S. 157) im deutschsprachigen Raum. Die 72-Stunden-Permakulturdesign-Zertifikatskurse sind meist an Mollisons ursprüngliche universitäre Hörsaalkurse angelehnt, vermitteln allerdings nur einen groben und rein theoretischen Überblick. Wichtig ist zusätzlich eine umfassende praktische Erfahrung.

Auf Sepp Holzers Krameterhof wird derzeit eine Ausbildung zum „Permakulturpraktiker" angeboten. Sie erstreckt sich über einen Zeitraum von 7 Monaten, beginnend im Mai eines jeden Jahres, bis in den Dezember. Die etwa 30 Teilnehmer treffen sich einmal im Monat von Donnerstag bis einschließlich Sonntag (6 x) zu praktischen Arbeiten und theoretischen Lehreinheiten am Krameterhof im Lungau. Zusätzlich verbrin-

Sepp Holzer hält seine Kurse, angepasst an die klimatischen Verhältnisse der jeweiligen Region, auch in anderen Teilen der Welt.

{ **Ausbildung** zum Permakulturpraktiker am
Krameterhof: Sepp Holzer erklärt den Bau
geeigneter Teichabflüsse (Teichmönche). }

Das Prinzip Hoffnung

{ „Permakultur ist ein Stück Hoffnung: ein
wohldurchdachtes Konzept, wie wir im
Kleinen und im Großen der Zerstörung
der Erde wirksam begegnen können."
Sepp Holzer in **Wo ein Wille, da ein Weg**. }

gen die Teilnehmer gemeinsam eine Woche bei
Projekten im Ausland. Zum Abschluss wird eine
eigene Permakultur-Projektplanung ausgear-
beitet und präsentiert.

An staatlich anerkannten deutschsprachigen
oder europäischen Universitäten wird Permakultur unseren Recherchen gemäß als Studiengang
bisher nicht angeboten, abgesehen von einzelnen Vorlesungen – wir haben auch schon gehört,
dass auf solchem Vorlesungsprogramm mitunter
„Permakultur draufsteht", aber „keine Permakultur drin ist". Dies verwundert nicht, wenn die Vorlesungen von genau den Dozenten und Professo-
ren abgehalten werden, die seit Jahrzehnten die
konventionelle Landwirtschaft lehren und davon
gut leben. In Australien gibt es eine Berufsschule
für Permakultur: Permaculture College Australia
(www.permaculture.com.au).

Bei der Auswahl von Fortbildungen ist es sinnvoll, darauf zu achten, dass die Referenten ausreichend praktische Erfahrung bieten können.
Meist lässt sich das daran erkennen, dass sie
einen eigenen Hof bewirtschaften oder kontinu-
ierlich Projekte betreuen. Zusammenfassend
könnte man sagen, dass die „Schulen" nach
Mollison/Holmgren tendenziell akademischer
strukturiert sind, während die Holzer-Ausrich-
tung eher pragmatisch angelegt ist. Jeder Refe-
rent ist für sich natürlich eine eigene Persönlich-
keit, und ein Reinschnuppern in das Kursangebot
ist vor jeder größeren Investition sicher sinnvoll.

Im nächsten Kapitel möchten wir anhand ein-
drucksvoller Bilder den „normalen Wahnsinn"
vermitteln, in dem wir leben, und welche Nor-
malität eine urbane Permakultur – von einigen
„Spinnern" initiiert – bieten kann. ●

Betonwüste & Bordüren

Das Konzept der Stadt: Gestern, heute und morgen

Vom Nomadentum über Halbnomadismus zur Sesshaftigkeit vor 10.000 bis 12.000 Jahren? So könnten wir uns den Paradigmenwechsel der Menschheit vorstellen, der von kleinen Agrarsiedlungen schließlich zum Bau von Städten führte.

Der gezielte Anbau von Nutzpflanzen wurde dabei Teil der menschlichen Kultur. Bisher vermutete man, dass Nahrungsmangel die treibende Kraft für diese Veränderung war. Der bayerische Zoologe, Evolutionsbiologe und Ökologe Josef H. Reichholf forderte diese Auffassung in seinem Buch Warum die Menschen sesshaft wurden heraus. Er meint hierin, die Menschheit habe sich nicht aus Mangel, sondern aus einem Ressourcenüberfluss an Orte gebunden. Anders als in der Geschichte vom hungernden Jäger und Sammler, der mittels Ackerbau seine Nahrungsmittelversorgung sichern konnte, meint Reichholf, dass dem Ackerbau die Viehhaltung vorausging. Das Tier als lebendes Nahrungsmittel konnte Menschen sicher über den Winter bringen, lieferte frische Milch und verdarb dabei nicht. Was auch immer zuerst da gewesen sein mag: Viele menschliche Siedlungen entstanden womöglich eher dank glücklicher Fügung auf landwirtschaftlich nutzbarem Boden, in der Nähe von Flüssen, die Trinkwasserversorgung und einen Transportweg boten.

Stadt ohne Landwirtschaft

Ob sich die Urbanisierung als Folge des Bevölkerungszuwachses und des Bedürfnisses nach Schutz vor räuberischen Übergriffen fortentwickelte? Das könnte man vermuten. Als erste Stadt mit einer Stadtmauer gilt gemäß Überlieferung Jericho (9000 v.Chr.). Städte waren also von der Landwirtschaft abgegrenzte Orte, in denen sich Handwerk, Handel, Kunst, Religion sowie andere kulturelle Errungenschaften entwickeln konnten. Die Landwirtschaft blieb draußen, jedoch stadtnah genug, denn dort lagen die Absatzmärkte.

Mit der Industrialisierung und der Eisenbahn als neuem Verkehrsmittel sowie der Zuwanderung von Arbeitskräften aus dem Umland wuchsen die Städte wie auch ihre Elendsviertel. Stadtleben in dieser Zeit assoziieren wir mit Bildern rauchender Schlote und verpesteter Luft sowie dem Geruch stinkender Gassen. Armut war allgegenwärtig, wie in Charles Dickens' Roman Oliver Twist. Der Gärtner und Grüngestalter Leberecht Migge machte sich bereits Anfang des 20. Jahrhunderts Gedanken, wie man die Stadt lebenswerter machen könnte. Es ging ihm dabei um die soziale Funktion des städtischen Grünraums. Mit der aus England stammenden Idee der Gartenstadt wollte er urbane Autarkie fördern und die Ausbeutung des Umlandes verringern.

Von den heutigen Kleinstädten bis zu den Millionenmetropolen stehen Städte weltweit allesamt in einem Spannungsfeld: Immobilien werfen weitaus mehr Gewinne ab als Parks und sonstige Grünflächen. Die Pflege von Grünanlagen ist aufwändig. Schauen wir uns in unseren Städten um, entdecken wir mit Leichtigkeit entweder graue, betonierte Flächen oder, da wo es

grün wird, Pflanzen, die meist keinen Nahrungs-mittelwert für den Menschen besitzen. Manch-mal nicht einmal für die urbane Fauna, wie für Vögel, Kaninchen oder Eichhörnchen. Auch Pri-vatgärten sind in der Regel Ziergärten, sozusa-gen „Grünwüsten" – sommers mit einem leben-den Teppich ausgelegt: dem Rasen. Rasenflächen müssen mit der wertvollen Ressource Wasser gesprengt werden. Ertrag = 0, nicht einmal für Bienen. Welch eine Verschwendung! Sollten wir nicht besser dazu übergehen, das Konzept des Rasens zu sprengen?

In diesem Buch geht es darum, den Leser anzu-regen, die bestehenden Brachflächen in der Stadt zu erkennen und intelligenter zu nutzen. Der Worte soll gleich genug sein. Stattdessen möch-ten wir Bilder für sich sprechen lassen. Sepp Hol-zer schreibt im Vorwort zu seinem Buch Wo ein Wille, da ein Weg: „…. Überhaupt denke ich, dass wir wieder mehr Vertrauen in unsere Gefühle setzen sollten …" Was sagt Ihr Empfinden zu die-ser Aussage? Auf eine Gefühlsreise möchten wir Sie auf den nächsten Seiten schicken – vielleicht haben Sie die Möglichkeit, sich dabei zu entspan-nen, dann funktioniert es besser. Welche Wahr-nehmungen kommen beim Anblick der Bilder in Ihnen hoch? Gefühle der Entspannung, Gelassen-heit, Freude – oder der Langeweile, Bedrücktheit, des Angeödetseins? Wir entlassen Sie auf Ihre Sinnesreise, wir treffen uns im nächsten Kapi-tel Wühlmäuse, Maulwürfe und Rebellen wie-der, indem es um außergewöhnliche gärtneri-sche Projekte gehen wird. ◖

{ **Oben:** Augarten Wien – gepflegter Teil
{ **Unten:** Augarten Wien – naturbelassener Teil

Wühlmäuse, Maulwürfe & Rebellen

Von der Insellösung zur Lösungsinsel

Finanzkrise, Börsenkrise, Chemiekrise, Dotcom-Krise, Energiekrise, Immobilienkrise, Gazpromkrise, Peakoil-Krise – Krise, Krise, Krise von A bis Z, Krisen in den Tageszeitungen, im Fernsehen, praktisch in allen Medien. Krisen boomen. Denn Krisen sind ein Geschäft.

Krisen sind toll, sie verstehen sich als Chancen, nicht nur für die Profiteure der Misere, sondern auch für jene, die sich bisher als Opfer sahen. Krisen führen uns vor Augen, dass etwas, was bisher funktionierte, so nicht mehr läuft. Wir können aufhören mitzuspielen und ein neues Spiel beginnen, nach dem Motto von Landschaftsgärtnerin Ella von der Haide: Eine andere Welt ist pflanzbar!

Mit Jedem sein Grün! möchten wir aufzeigen, wie Menschen trotz schwieriger Lebensumstände und geringster Mittel, aber mit Ideenreichtum vorgegangen sind, um alternative Lösungen zu finden und unbeschrittene Wege zu erkunden: aller Misere und Regulierung zum Trotz, ohne staatliche Subventionen oder nichtstaat-

liche Hilfsprogramme. Viele der Lösungen werden am Anfang häufig als „Insellösungen" belächelt, sie sind in Wirklichkeit die „Lösungsinseln", die beispielhaft vormachen, dass wir es anders machen können. Jeder lege vor oder hinter seiner eigenen Tür sein Permakulturprojekt an – selbst für Obdach- und Türenlose gibt es Chancen! Wir möchten mit guten Ideen anstecken und weitere Ideen erzeugen. Jeder kann dazu beitragen.

Lösungsinseln für eine neue Pflanzung

Von sogenannten Islands of Integrity, den Inseln der Integrität, sprechen Nichtregierungsorganisationen wie Transparency International, wenn sie sich anschicken, Korruption zu bekämpfen. Ob der Begriff bekämpfen dabei zielführend ist? Kampf, Druck gegen etwas erzeugt Kontra und Gegendruck. In der Permakultur soll die Natur eben nicht bekämpft werden, weder die Natur der Pflanzen, Insekten und Tiere noch die der Menschen selbst. Die Natur nutzen und nicht ausnutzen, das sei entscheidend, so erklärt Sepp Holzer immer wieder in seinen Seminaren. Was liegt näher am Leben, als bei der Trinkwasser- und Nahrungsmittelversorgung anzufangen? Eine mittlerweile prominente Lösungsinsel der biologischen Landwirtschaft ist beispielsweise die Firma SONNENTOR Kräuterhandels-GmbH aus dem österreichischen Waldviertel. Johannes Gutmann, Gründer und Chef der Firma, ist mit sei-

{ **Auf** der Inselgruppe Fernando de Noronha wird bereits an einer Lösung gearbeitet. Mehr darüber erfahren Sie auf der nächsten Seite. }

ner roten, runden Brille und einer Lederhose, die weit älter ist als er, eine Marke für sich. Er verband Arbeitslosigkeit mit genialem Geschäftssinn, nutzte das Wissen und den Fleiß der alten Bauern und produziert heute für internationale Märkte erstklassige Bioprodukte. Gemäß Firmenphilosophie (www.sonnentor.com) liegen in der Natur die besten Rezepte für ein schönes und langes Leben; biologische Landwirtschaft, Kreisläufe, leben und leben lassen, Wertschätzung, Gleichgewicht und „Freude soll wachsen" sind hier weitere Schlagworte.

Literarisch stellt der Erfolgsautor Dirk C. Fleck eine „Lösungsinsel" und eine „Insel der Lösun-

gen" in seinem Ökothriller und Zukunftsroman Das Tahiti-Projekt als positive Zukunftsvision vor. In der Realität ließe sich dort sicherlich eine radikale Ökoreform umsetzen. Die Insel gehört zur EU (sie zählt zu Französisch-Polynesien) und ist von den Zentren der Wirtschaftsmächte und den Einflüssen von Lobbys weit genug entfernt, um frei von strengen Regulierungen zu experimentieren. Mit nur 180.000 Einwohnern und etwas über 1.000 km^2 wäre die Dimension des Experiments überschaubar. Einen Folgeroman Flecks, Maeva, gibt es bereits – fraglich ist, ob darin nicht zu vieles bekämpft wird, wenn, wie es heißt, die „zunächst friedliche Maeva gegen Konzerne, Atomkraft und Gentechnik kämpft". ●

Von einer Insel zur anderen: Fernando de Noronha

Tahiti kennen wir alle. Dort werden Südseeträume wahr, der Maler Paul Gauguin hat die polynesische Insel und seine Bewohner in vielen seiner Bilder verewigt. Die Insel Fernando de Noronha [sprich: fernando-de-noronia] hingegen ist außerhalb Brasiliens fast ausschließlich Sporttauchern bekannt.

Die Inselgruppe vulkanischen Ursprungs mit der gleichnamigen Hauptinsel liegt etwa 350 km vor dem brasilianischen Festland im Atlantischen Ozean. Der Archipel wurde 1503 erstmals beschrieben. Der Name der Inselgruppe geht auf den zum Katholizismus konvertierten portugiesischen Juden zurück, der von der Regierung Portugals das erste Überseelehen erhielt (so etwas wie ein koloniales Landgeschenk), denn der Geschäftsmann Noronha hatte sich um die Ausbeutung der natürlichen Ressourcen Brasiliens verdient gemacht. Er exportierte damals vornehmlich das Brasilholz, Caesalpinia echinata, zum Färben von Textilien, das für die portugiesische Krone äußerst lukrativ war. Der Baum gilt heute – wen wundert's? – als gefährdete Art.

In den Hydroponie-Rohren stecken Salatpflanzen, die Fläche darunter wird genutzt, um Basilikum und andere Kräuter anzupflanzen.

Fernando de Noronha: Vom Saulus posthum zum Paulus

2001 wurde die Inselgruppe von der UNESCO zum Weltnaturerbe erklärt. Der Archipel besteht aus 13 Inseln. Naturschutzvorschriften erlauben nur das Betreten und Bewohnen der Hauptinsel, die etwa 5.000 Einwohner hat. Die natürlichen Wasserbecken und Korallenriffe gelten als die besten Schnorchel- und Tauchgebiete Brasiliens. Urlauber erreichen die Hauptinsel per einstündigem Flug vom Festland. Die für ihren sanften Tourismus bekannte Insel beschränkt die Anzahl der Besucher durch eine Kontingen-

tierung der Flüge. Touristen müssen zudem für jeden Aufenthaltstag eine Umweltgebühr zahlen. Beforscht und geschützt werden hier vor allem Meeresschildkröten und Delfine. Vier der angeblich fünf schönsten Strände Brasiliens befinden sich genau an der Küste Noronhas.

Einer der luxuriösesten Hotelbetriebe, **Pousada Zé Maria**, liegt im Ort Floresta velha, was so viel heißt wie alter Wald. Was besticht, ist die Einfachheit der Bungalows und der fast nahtlose Übergang in die Natur. Essen gehen ist bei Zé Maria außergewöhnlich lecker. Die Besonderheit: Wer

{ **Während** die Gäste auf der Balkonterrasse des Restaurants Zé Maria die Speisekarte studieren, können sie gleichzeitig den Salatkopf ihrer Wahl am Balkongeländer aussuchen, bevor er schmackhaft zubereitet wird. }

sich auf einer der offenen Terrassen niederlässt, ist von einer Brüstung umrahmt, auf der gleich dreireihig Salat wächst. Wer einen Salat bestellt, darf den Salatkopf selbst aussuchen. Wir sprachen mit dem Chef José Maria.

Wann und warum haben Sie angefangen, Ihr eigenes Obst und Gemüse anzubauen?
José Maria: Das war vor etwa 10 Jahren. Bis dahin ließen wir alles einfliegen, von Recife aus bis hierher. Die Sachen kamen aber verdorben an oder hatten ihre Qualität eingebüßt. Irgendwann sah ich im Fernseher ein brasilianisches TV-Programm über Landwirtschaft, Globo Rural hieß das. Es lief eine Reportage über Hydrokultur (hidroponía) und es hieß, dass diese Anbaumethode etwa 70 % an Wasserverbrauch einspart. Da eines unserer Probleme hier die Wasserver-

sorgung ist, habe ich entschieden, einen Hydroponieanbau aufzuziehen.

Bei der Hydrokultur: Welche Substrate verwenden Sie im Wasser?
José Maria: Kalzium- und Kaliumnitrat, Monokaliumphosphat, Magnesiumsulfat und ein Gemisch an Spurenelementen unter dem Handelsnamen Quelatec-AZ.

Und wie sieht es mit Pestiziden aus?
José Maria: Pestizide benutzen wir überhaupt nicht.

Wie hoch ist Ihr Ertrag?
José Maria: Obstgarten und Hydrokultur gemeinsam liefern monatlich etwa 400 kg Obst und 250 kg Gemüse. ◆

Friedensreich Regentag Dunkelbunt Hundertwasser

Von einer fernen Insel im Atlantik fliegen wir nun im Geiste zurück nach Wien, wo das vorliegende Buchprojekt seinen Lauf nahm – wie auch die Laufbahn von Friedensreich Hundertwasser, der vor allem mit seinen Architekturideen für Aufsehen sorgte.

Der Künstler und selbsternannte Architekturdoktor sowie Verfechter eines harmonischen Verhältnisses zwischen Mensch und Natur wurde 1928 in Wien als Friedrich Stowasser geboren. Sein künstlerisches Werk ist gleichsam ein politisches und architekturkritisches. Hundertwasser kann als wichtiger und über die Grenzen Österreichs hinaus wirkender, moderner Wegbereiter eines ökologischeren Lebens gesehen werden. Die Prinzipien der Permakultur Peoplecare (achtsamer Umgang mit dem Menschen) und Naturecare (achtsamer Umgang mit der Natur) drückt er in den Besonderheiten seiner bunten, lebendigen Bauten aus, die seit dem ersten Tag touristische Attraktionen sind. Aus der Perspektive des Menschen entwickelte er das Weltbild der fünf Häute, wonach die erste Haut unsere Epidermis ist, gefolgt von unserer Bekleidung (zweite Haut), unserer Behausung (dritte Haut), unserem erweiterten identitätsstiftenden Umfeld, wie Garten, Mitmenschen oder Berufstätigkeit (vierte Haut), und schließlich dem Planeten Erde und dessen gesamter Ökologie und Menschheit (fünfte Haut). Damit drückt Hundertwasser auch das Prinzip des Systemischen aus, wo alles mit allem verbunden ist.

In seinem „Verschimmelungsmanifest" aus dem Jahr 1958 betrachtet Hundertwasser die gegenwärtige Architektur als rational, steril und grundlegend unfrei – sie biete dem Bewohner, ob Mieter

oder Eigentümer, kaum Gestaltungsspielraum; die gängige Bauhaus-ähnliche Architektur sei eine tödliche Eintönigkeit. Es ist, so Hunderwasser in seinem Manifest, als ob die Menschen ein Gefängnis zu beziehen hätten, wie „Hendln und die Kaninchen ihren Stall".

Baumpflicht und Baummieter

Wenn der Mensch ein Bauwerk in die Natur stellt, muss der notwendige Baugrund gerodet werden. Diese Fläche, die der Natur genommen worden ist, sollte ihr zum Bauabschluss wieder zurückgegeben werden, indem man die Dächer im Sinne einer Dachbewaldung mit Bäumen und weiteren Pflanzen begrünt. Es entstehen Dachgärten, die eine wundervolle Bereicherung für Vögel, Schmetterlinge und andere Insekten sind – nicht zuletzt auch für den Menschen als Erholungsraum, zur Klimaregelung sowie als Luft- und Wasserreinigungssystem. Vielfalt anstatt Monotonie, Organisches und unreglementierte Unregelmäßigkeiten sollten durch den Verzicht auf gerade Linien oder mit dem Konzept des Baummieters zustande kommen. Für das Pflanzen von Bäumen in den verschiedenen Stockwerken eines Hauses werden bereits in der Planung spezielle „Räume" und „Fenster" eingerichtet, in die ein Baum als Mitmieter und Geschenk an die Außenwelt in großen Edelstahlwannen gesetzt wird. Die Beziehung Mensch – Baum sollte eine religiöse

{ **Hundertwasser-Krawina-Haus** mit „Baummietern" und Dachbegrünung }

Dimension annehmen: „Nur wenn wir den Baum lieben wie uns selbst, werden wir überleben."

Sch…kultur, Sch…e als Heiligtum

In seinem Pfäffikoner Manifest Die heilige Scheiße aus dem Jahr 1979 macht Hundertwasser darauf aufmerksam, dass unsere Kreisläufe grundsätzlich gestört sind. Lebensmittel werden tausende Kilometer transportiert, bevor sie der Mensch konsumiert. Das Produkt, unser Stuhlgang, wird anschließend wieder zig Kilometer weit geleitet, verseucht dabei große Mengen an Trinkwasser und muss über Kläranlagen aufwändig entsorgt werden. Das Konzept seiner Humustoilette soll den ökologischen Kreislauf von der dritten (Behausung) über die vierte Haut (Humusverwertung im Garten) schließlich auf der Ebene der fünften Haut wieder schließen (das Produkt unserer Verdauung wird dem Naturkreislauf nutzbringend wieder zugeführt). Hundertwasser: „Der Kreislauf vom Essen zur Scheiße funkti-

oniert. Der Kreislauf von der Scheiße zum Essen ist unterbrochen." Urin und Haushaltsabwässer sollten zusätzlich einer nahen Pflanzenkläranlage zugeführt werden (siehe auch Manifest Humus-Toilette, 1974, München).

Eines seiner ersten und erfolgreichsten Architekturprojekte nach seinem Konzept von Naturverbundenheit ist das Hundertwasserhaus als dritte Haut im 3. Wiener Bezirk, das der Künstler zusammen mit dem Salzburger Architekten Prof. Josef Krawina baute. Im Sinne einer Anerkennung dieser Kooperation soll es zukünftig Hundertwasser-Krawina-Haus genannt werden (www.hundertwasserhaus.info). Ein paar Zahlen sind interessant: Die verbaute Grundfläche beträgt fast 1.100 m². Die Terrassengesamtfläche beträgt fast 1.000 m² mit zusätzlich 440 m² nicht zugänglicher Grünfläche. Die Erdmenge auf den Terrassen beträgt rund 1.000 Tonnen, das Gebäude beherbergt 250 Bäume und Sträucher. ◗

Château Villandry: Geometrie und Gemüse

Von den Rundungen, den Kurven, den organischen Formen der gegenwärtigen Künstler-Architektur Hundertwassers reisen wir nun zur mathematisch-geometrischen Strenge barocker Gartenarchitektur: Das Schloss Villandry, im 16. Jahrhundert erbaut, ist heute, 15 km von der Stadt Tours entfernt, mit seinem neuen Biogemüsegarten ganzjährig zu besichtigen.

Château Villandry gilt als eine der größten Sehenswürdigkeiten französischer Gartenkunst. Im 18. Jahrhundert kam das Anwesen in den Besitz des Marquis de Castellane, der die in der Renaissance erstellten Gärten im Stil des Barock weiter ausbaute ("französische Gärten" genannt). Nach der Französischen Revolution fiel das Schloss an die Bankiersfamilie Hainguerlot. Sie ließ die Parkanlage in einen "englischen Landschaftsgarten" umbauen, was der Mode dieser Zeit entsprach und gleichzeitig sehr viel weniger Pflegeaufwand erforderte. Der englische Garten sollte wie eine natürliche Landschaft wirken und entwickelte sich im England des 18. Jahrhunderts als Kontrast zum dominierenden französischen Barockgarten mit seinen geometrisch exakten Formen.

Als der spanische Arzt und Forscher Joachim Carvallo das mittlerweile heruntergekommene Schloss 1906 kaufte, machte er es sich zusammen mit seiner Frau zum Ziel, die ursprünglichen Gärten wiederherzustellen. Das Schloss wird heute vom Urenkel Henri Carvallo geführt. Wir haben den spektakulären Gemüsegarten wegen des ästhetisch-künstlerischen Aspektes angeführt. Wir sprachen mit Monsieur Henri Carvallo zur Geschichte des Wiederaufbaus und über die Bepflanzung des Parterre, auf Deutsch "zu ebener Erde", ein charakteristisches Gestaltungselement des Renaissancegartens. Es handelt sich um eine geometrisch angeordnete Komposition von Beeten, die oft mit niedrigen Buchsbaumhecken eingefasst werden, gut zu erkennen auf dem Bild hier unten.

Wie kamen Ihre Großeltern auf die Idee, das Parterre mit Gemüse zu bepflanzen?

Henri Carvallo: Im 16. Jahrhundert war es Mode, das Gemüse aus der Neuen Welt – Amerika – in der Nähe des Schlosses gut sichtbar und repräsentativ anzupflanzen. Meine Urgroßeltern orientierten sich bei den Rekonstruktionsarbeiten an historischen Stichen, welche vergleichbare Gärten im Frankreich dieser Zeit dokumentieren. Auf diese Weise kam also das Gemüse-Parterre zustande.

Der Hintergrund dieses Buches ist Permakultur, eine Form umfassender biologischer Landwirtschaft. Was ist Ihre Position zur Anwendung von Agrochemie?

Henri Carvallo: Seit 2009 verwenden wir hier keinerlei Herbizide oder Pestizide mehr. Als Düngemittel nutzen wir organisches Material. Auch haben wir Bienenvölker in Stöcken etabliert. Anhand eines Insekteninventars haben wir festgestellt, dass die Insektendiversität gestiegen ist. Langsam werden auch die Vogelpopulationen größer und vielfältiger. Was das Gemüse betrifft, haben wir eine Polykultur mit zwei Hauptpflanzphasen. Angebaut werden im Frühjahr verschiedene Kohlsorten, Bohnen, Linsen, Erbsen, Rettich und viele Salatsorten, ab Sommer auch Artischocken, Auberginen, Basilikum, Chicorée, Fenchel, Kürbis, Paprika, Pfeffer, Sellerie und Tomaten.

Also ist das Gemüse hier 100 % bio, oder? Können die Besucher das auch kaufen?

Henri Carvallo: Ja, wirklich bio. Gegenüber kommerziellen Produzenten können wir es uns auch

leisten, dass einige Äpfel oder Tomaten kleiner geraten oder nicht ganz so perfekt aussehen. Verkauft wird das Gemüse nicht. Allerdings müssen wir in der Erntezeit einmal pro Woche Tomaten, Auberginen und Paprika abernten, da die Belastung für die Pflanzen durch das Gewicht zu hoch wird. Dieses Gemüse halten wir an einer bestimmten Stelle für die Touristen zum Mitnehmen bereit – gratis. Wenn Sie also den richtigen Tag erwischen, können Sie „Biogemüse, Marke Schloss Villandry" geschenkt bekommen.

Die schönen Bilder von Schloss Villandry und seinem Gemüse-Parterre machen Lust auf eine Frankreichreise entlang der Loire: Schlossgärten als urbane Anpflanzungsflächen der Aristokratie?

Zurück in die Großstadt München: Zur Eröffnung der Ausstellung „Die produktive Stadt / Carrot City – Designing for Urban Agriculture" in der Technischen Universität München TUM am 8. November 2011 meinte der Landschaftsarchitekt Prof. Udo Weilacher: „Ich glaube, es steht in München nicht zur Debatte, den Englischen Garten in einen Kartoffelacker umzuwidmen, weil jede Fläche produktiv sein muss." Kartoffelmonokoltur hoffentlich nicht. Aber Teile eines Landschaftsgartens wie des Englischen Gartens in München könnten als Modellprojekt in eine optisch ansprechende „essbare Permakulturlandschaft" umgewandelt werden und den Wert der Flächen erhöhen: für Menschen, für Wildtiere und im Sinne einer Diversität der Nutzpflanzen. ◖

Eroberung der Vertikalen: Patrick Blanc

War Hundertwasser der Künstler, der für die Dach- und Terrassenbegrünung von Häusern kämpfte, so steht der 1953 geborene Franzose Patrick Blanc für vertikale Begrünungen in der Stadt.

Dabei ist die Wandbegrünung grundsätzlich nicht neu. Für die Nutzung vertikaler Flächen zum Ziehen und Kultivieren von Pflanzen gibt es eine Reihe von gängigen Beispielen. Hauswände lässt man gerne von Efeu (Hedera helix) beranken und erfreut sich an der flächigen und ganzjährigen Begrünung – auch wenn Wandfarbe oder Putz oft darunter leiden. Ein Beispiel aus dem Bereich der Nutzpflanzen ist das seit dem 17. Jahrhundert aus Frankreich bekannte Spalierobst, welches an Holzgerüsten fixiert emporwächst, z.B. Apfel- oder Birnbäume sowie Weinstöcke. Diesen emporwuchernden Gewächsen ist gemeinsam, dass sie Wasser und Nährstoffe aus dem Boden beziehen („bodengebundene Begrünung"). Bei den Pflanzenwänden Blancs ist das Prinzip ein anderes, das „Gute" kommt von oben („fassadengebundene Begrünung").

{ **„Essbare"** Kräuterwand von Patrick Blanc }

Grün von Kopf bis Fuß

Der französische Künstler und Tropenbotaniker Patrick Blanc ist seinen eigenen Weg gegangen. Der Mann mit den grün gefärbten Haaren, einem Hemd mit grünem Blattmuster und zentimeterlangen Fingernägeln gilt mittlerweile aufgrund der von ihm weltweit in Städten kreierten Pflanzenwände (murs végétaux) als Marke und Erfinder des vertikalen Gartens.

Die Technik der grünen Wände ist die einer Hydrokultur

Heute werden Blancs vertikale Gärten an Gebäudefassaden und anderen vertikalen Flächen aus grundsätzlich drei Bestandteilen zusammengebaut: (1) einem grobmaschigen Metallgitter,

Bepflanzte Fassade des CaixaForum-Museums
in Madrid

Blancs Pflanzeninstallationen machen deutlich, wie wohltuend das an einen Urwald erinnernde Grün auf die Seele wirkt – in krassem Kontrast zu den daneben stehenden Glas- und Betonfassaden. Mehr zu Blancs Projekten unter www.verticalgardenpatrickblanc.com.

Kritiker betrachten Blancs Werke als Fassadenkosmetik, als effektvolle, aber teure Verpackungen, als Modetrend, bei dem das verwendete Baumaterial (PVC, Acrylfilz) zudem ökologisch betrachtet kritisch sei. Essbare Wände hat Blanc bisher seltener im Programm – eine Ausnahme ist die Wand eines alten Steinhauses in der Bretagne, das mit einer Fassade aus verschiedensten Küchen- und Heilkräutern versehen wurde.

gefolgt von (2) einer PVC-Hartschaumplatte – sie verleiht Stabilität und schützt das dahinterliegende Mauerwerk vor dem Wurzelwerk –, auf die (3) eine zweilagige Schicht Acrylvlies gespannt wird („Wasserspeichermatten"). In die in dieses Material geschnittenen Taschen werden anschließend die Setzlinge gepflanzt. Innerhalb der begrünbaren Wand laufen Rohre, die mittels eines Bewässerungssystems und einer programmierten Zeitschaltuhr Wasser und Nährstoffe freisetzen. Die Kunst Patrick Blancs liegt darin, die für das entsprechende Klima richtigen Pflanzen auszuwählen und diese optisch ansprechend auf der Fläche zu kombinieren.

Der Nutzen dieser grünen Fassadenverpackungen ist laut Blanc die Klimaregulierung: im Winter durch die isolierende Wirkung der zusätzlichen Schicht auf der Wand, im Sommer durch die Schattenwirkung. Zugleich wird Kohlendioxyd luftregenerierend in Sauerstoff umgewandelt, die Luft befeuchtet und gekühlt, Schmutzpartikel werden aus der Stadtluft gefiltert. Mit Baukosten von etwa 500 bis 700 Euro pro Quadratmeter entwirft Blanc seine naturnahen Klimaanlagen hauptsächlich für noble Adressen.

Tipps für den urbanen Gärtner

Den Leser dieses Buches, den urbanen Gärtner zur Selbstversorgung, können Blancs Ideen anregen, vertikale Grünflächen im Wohnumfeld zu etablieren. Mit altbewährten Rankhilfen aus Bambus können beispielsweise Tomatenpflanzen gezogen werden. Dahinterliegende Wände wirken zudem als Wärmespeicher, auch für die wärmeliebenden Kiwi-Pflanzen. Es gibt natürlich rankende Pflanzen wie Erbsen oder Bohnen sowie bestimmte kletternde Sorten Kürbisgewächse (kleine Gurken, Melonen, Zucchini), die sich für den urbanen Anbau eignen.

Sogenannte „Soil-in-a-Pocket"-Systeme (Erde im Beutel), Kunststofftaschen, die mit Humus befüllt an der Hauswand angebracht werden (z.B. bei www.woollypocket.com), sind bisher nicht in Europa vertreten. Es handelt sich dabei um ein Recyclingprodukt aus PET-Flaschen. Gegebenenfalls muss im Außenbereich mit Holzleisten ein bestimmter Abstand von der Wand gehalten werden, damit sich der Fassadenanstrich nicht verfärbt. Im Innenbereich kann eine gefliste Wand, z.B. in der Küche, aus demselben Grund vorteilhaft sein. ●

Guerilla Gardening: Ganz unpolitisch politisch, sanftmütig und sympathisch

Guerilla Gardening versteht sich mehr als Demonstration denn als Kleinkrieg gegen den übermächtigen Feind. Denn die grünen Guerilleros sind höchstens mit „Saatbomben" und nicht mit Maschinengewehren bewaffnet.

Guerilla-Gärtnern: Sympathisch naturverbunder Öko-Aktivismus

Der Begriff Guerilla Gardening wurde in den 1970er Jahren durch eine New Yorker Künstler- und Aktivistengruppe geprägt. Sie nannten sich die Green Guerillas, sind mittlerweile eine etablierte Nichtregierungsorganisation und unterstützen gemeinschaftliches Gärtnern: www.greenguerillas.org.

Das Wort guerilla [sprich: ge-ri-ya] bedeutet Kleinkrieg und geht auf die militärischen Aktionen Spaniens gegen Napoleon Bonaparte zurück. Es ist ein asymmetrischer Krieg des „Kleinen" gegen den „Großen", naturgegeben mit eingeschränkten Mitteln. Nach dem Prinzip „Hit and run (zuschlagen und wegrennen)" sollen nadelstichartige Interventionen den Gegner zermürben und zum Einlenken zwingen. Eine streng hierarchische Strukturierung mit Bürokratie, Drill und Befehlsketten wie beim Militär sind weniger üblich. Guerilleros, so heißen die Guerilla-Streitkräfte, sind selbstmotiviert und handeln eigenverantwortlich. Die bekanntesten Vertreter des Guerillakrieges waren Mao Zedong in China und Che Guevara in Lateinamerika. In der Regel geht es bei diesen Kriegen um den Zugang zu Ressourcen, zu Grund und Boden sowie um die einzufahrenden Ernten.

Roland Düringers Wutbürgerrede

Ein Prominenter hat sich getraut zu sagen, was **er** und was **wir** wirklich denken und fühlen: Roland Düringer, österreichischer Kabarettist, bei seinem Auftritt in der ORF-Sendung „Dorfers Donnerstalk" am 8.12.2011. Aus seiner „Wutbürgerrede" zitieren wir: […] „Wir sind all jene, die nicht verstehen können, dass die Zehn Gebote Gottes aus 279 Worten bestehen, die amerikanische Unabhängigkeitserklärung aus 300 Wörtern und die EU-Verordnung über den Import von Karamellbonbons aus 25.911 Wörtern bestehen muss. Wir sind alle jene Systemtrotteln, die es schon langsam satthaben, im Hamsterrad zu laufen und all jenen, die vom System profitieren, den Deppen zu machen […]" (www.youtube.com „Wir sind wütend").

Wer nichts im Bauch hat, hat Wut im Bauch

Guerilla-Gärtnern wirkt als Begriff ein wenig iro-nisch. Es ist kein Krieg, bei dem Menschen zu Schaden kommen sollen oder gar getötet werden. Die gärtnerischen Aktivitäten eines Guerilla-Gärt-ners sind nicht genehmigte Aktionen, weshalb sie häufig im Schutz der Dunkelheit durchge-führt werden. Wenn Sie also in der Stadt inmit-ten monotoner grün-brauner Baumpflanzungen, zwischen parkenden Autos oder auf einer Ver-kehrsinsel plötzlich gelb-weiße Primeln, hochge-schossene Sonnenblumen oder gar Maispflanzen entdecken, dann ist das möglicherweise das Werk einer Guerilla-Gärtner-Truppe gewesen. Irgend-wie haben diese bunten Flecken etwas Liebevol-les, wirken skurril und gleichzeitig berührend.

Man unterscheidet bei diesen subversiven Gärt-neraktivitäten zwischen dem **Ziergärtnern** (dient primär der Verschönerung sowie als Nahrung für Bienen und andere Insekten) und dem **Nutz-gärtnern** (bietet Nahrung für Menschen). Geistige Spezialnahrung reift beim (meist grundsätzlich illegalen) Anbau von Cannabispflanzen, vielen als Marihuana für das Rauchen von Joints bekannt.

Wir fragen die Umweltwissenschaftlerin aus Spa-nien, Silvia González, Mitarbeiterin des Münchner Umweltschutzvereins Green City e.V. sowie ver-antwortlich für Begrünungsprojekte & Bürger-engagement, selber Guerilla-Gärtnerin.

Guerilla Gardening Wien ist anders

Die Wiener haben sich als eine der ers-ten GG-Formationen des Permakulturge-dankens angenommen und arbeiten auch verstärkt in der interkulturellen Integ-ration. Ihre Grundsätze: (1) Rückerobe-rung des öffentlichen Raums nach dem Prinzip der **Allmende** (Gemeinschafts-besitz), (2) Ernährungssouveränität und kurze Transportwege, (3) konsensorien-tierte Selbstverwaltung kleiner sozialer Strukturen.

Eine andere Form „subversiver" Tätigkeit: **Mundraub.org**. Die Webseite bezeichnet sich selbst als Plattform für Obstallmende. In Vergessenheit geratene Früchte unse-rer Kulturlandschaften sollen bewusster wahrgenommen, Biodiversität dauerhaft erhalten werden. Wer in der Stadt einen öffentlich zugänglichen Baum findet, der Essbares trägt, kann ihn auf einer interak-tiven Landkarte eintragen, sodass er auch von anderen gefunden wird, damit sie sich die Früchte oder Nüsse holen können. Auf der Website ist ein Ratgeber zur Rechts-lage des „Mundraubs" abzurufen sowie andere wertvolle Informationen.

Gemeinschaftliches: **gruenanteil.word-press.com**, eine Webseite, die als Platt-form alle gärtnerischen Aktivitäten in der Stadt (Hamburg in diesem Fall) sichtbar macht, damit sich die Gartenaktivisten enger vernetzen können.

{ **Nächtliche** Guerilla-Aktion }

{ „**Formalisiertes** Guerilla Gardening" durch Vermittlung über Green City e.V., München }

Silvia, Green City hat sich des Themas Guerilla Gardening (GG) angenommen. Was bedeutet GG und wie entwickelte sich die Bewegung in München?

Silvia González: Für uns ist GG „informelles Pflanzen im öffentlichen Raum". Normalerweise darf nur das Gartenbauamt pflanzen und pflegen. G-Gärtner betrachten aber den öffentlichen Raum als öffentlich, für jeden zugänglich und damit auch als gestaltbar. Wir als G-Gärtner haben uns auf die grauen, hässlichen Flecken fokussiert, diese begrünt und mit Blumen bunt gestaltet.

Wie hat die Stadt München darauf reagiert?

Silvia González: Die Resonanz war positiv und inzwischen ist mit der Grünpatenschaft eine Win-Win-Situation entstanden.

Was heißt Grünpatenschaft?

Silvia González: Das ist eine Dienstleistung von Green City e.V. Über unsere Vermittlung erfährt das Gartenbauamt, wer ehrenamtlich welche Flä-chen betreut, und stellt sich darauf ein. Green City berät zudem die Bürger bei Pflanzaktionen in praktischen Aspekten: „Welche Pflanzen sind geeignet, wie gehe ich vor?" Die GG-Bewegung wurde hierdurch formalisiert – nicht legalisiert.

Wie steht Green City zur Permakultur und zum Anbau von Essbarem auf öffentlichen Flächen?

Silvia González: Essbares pflanzen wir nicht an. Aus Sicht der Stadtverwaltung stellen die vielen Hunde und ihre Ausscheidungen auf öffentlichen Flächen ein gesundheitliches Problem dar, was allerdings meiner Meinung nach durch entsprechende Beetkonstruktionen zu lösen wäre.

Die GG-Seite im Web: guerillagardeningmunich. weebly.com; Grünpaten-Seite von Green City: greencity.de/themen/stadtgestaltung/gruenpaten. Im Projektteil dieses Buches werden wir Aktionen von Guerilla-Gärtnern in Todmorden (England) präsentieren sowie eine Anleitung zum Herstellen von Saatbomben. ●

Vegetable Orchestra

Wir möchten dieses Kapitel mit einer musikalischen Einlage gemüsig ausklingen lassen: www.vegetableorchestra.org, eine einzigartige Wiener Musikgruppe, die sich 1998 aus Musikern, Künstlern und Angehörigen anderer kreativer Berufe gründete.

Ihre Instrumente sind 100 % Gemüse und werden in etwa zwei Stunden aus 30 bis 40 kg verschiedenster vor Ort eingekaufter Sorten hergestellt. Das Gemüseensemble hat zwischen 20 und 30 internationale Auftritte pro Jahr und füllte in Moskau eine Veranstaltungshalle mit über 1.800 Zuhörern.

Wie hört sich Gemüsemusik an? Hören Sie auf youtube rein: Vienna's Vegetable Orchestra. Wer mehr möchte: Ihre jüngste CD heißt „ONIONOISE" (Zwiebeltöne?). Wir sprachen mit Barbara Kaiser, Mitglied der Gruppe.

Barbara Kaiser: „Wir erfinden ständig neue Instrumente und optimieren die bisherigen Modelle. Nach unseren Auftritten bekommen die Gäste eine Gemüsesuppe serviert, einige der Instrumente werden verschenkt, der Rest landet auf dem Komposthaufen."

{ **Die** Band beim gemeinschaftlichen Herstellen ihrer Instrumente }

Irgendwie wirkt so manches Instrument ein bisschen erotisch. Lustig auch die Namen, z.B. Kürbis-Basstrommel mit Karottenschlägel, Bohrmaschinenlauchzellerpropeller oder Gurkenficke mit verschiedenen Vakuumlöchern. Und die Klänge? Schmatzig, gurgelig, blasig, pfeifig – irgendwo urwaldig.

Mit den nun folgenden Chancen zwischen Dachfirst und Pflasterstein kommt der Ernst – und trotzdem wünschen wir viel Spaß beim permakulturellen Experimentieren! „Wenn man nichts tut, tut sich nichts", so Sepp Holzer. Also, tun wir was, denn das Paradies ist auf Erden, nicht im Jenseits oder auf einer fernen Trauminsel wie Fernando de Noronha, sondern vor unserer Haustür. ◖

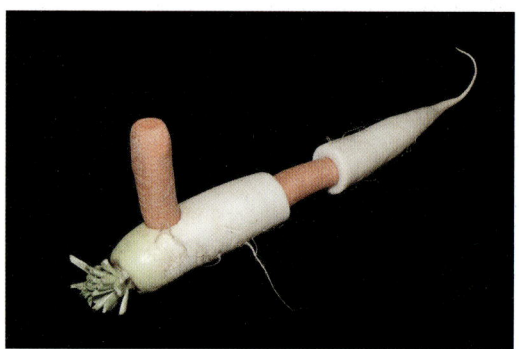

Chancen zwischen Dachfirst & Pflasterstein

Warum wir alle Stadtgärtner werden sollten

Die Supermarktketten und Bio-Labels haben bereits reagiert: Zurück zum Ursprünglichen, zu den Wurzeln, lautet die Devise. Wissen, woher die Lebensmittel kommen, mit Herkunftsnachweis sozusagen. Doch am besten wissen wir es selbst, nämlich dann, wenn das Obst und Gemüse aus eigenem Anbau stammt.

Als wir Freunden und Kollegen von dem Vorhaben erzählten, über urbane Permakultur ein Buch zu schreiben, wurde ich häufig mit einem müden Lächeln bedacht und mit der Frage konfrontiert: „Und was soll das bringen? Allein von dem, was man auf einem Balkon erntet, kann man doch niemals überleben." Das ist zunächst richtig. Aber um eine komplette Selbstversorgung geht es gar nicht. Folgende Aspekte sind aus unserer Sicht beim urbanen Gärtnern wichtig:

● Ich intensiviere meinen Kontakt mit der Natur – die therapeutische Wirkung gegen Stress durch Überarbeitung im Beruf oder aufgrund von Arbeitslosigkeit ist nicht zu unterschätzen!

● Ich bekomme ein Gefühl dafür, dass ich mich selbst mit Lebensmitteln versorgen kann, und entwickle verschiedene handwerkliche und gärtnerische Fähigkeiten. Das befreit herrlich!

● Wenn ich in Gemeinschaft mit anderen arbeite, die Ernte meinen Nachbarn schenke oder meine Erfahrungen mit Gleichgesinnten teile, bin ich mit anderen Menschen in positiver Weise verbunden.

● Selbst ernten animiert mich zum Selberkochen, Backen, Einmachen – mit qualitativ erstklassigen Lebensmitteln, abseits von Fastfood und „rein bauchfüllender Nahrung". Ich ernte Frische, Nährwert und Geschmack, frei von Pestizidrückständen und Nitratbelastung.

● Selbstgärtnern fördert den Sachverstand für ein Thema, das uns alle betrifft: die Qualität und den Wert von Lebensmitteln. Bananen oder Orangen wachsen eben nicht im Supermarktregal.

All das ist Lebensqualität, die wenig kostet. Zu guter Letzt eine wertvolle Tat für Mutter Erde und die Zukunft unserer Kinder und Kindeskinder:

● Das Kultivieren traditioneller, alter Gemüse- und Obstsorten erhält Saatgut und somit Biodiversität – wir brauchen kein Hybridsaatgut und schon gar keine gentechnisch veränderten Pflanzen – wir brauchen kein Bio-Copyright! Geeignete Bezugsquellen für Saatgut und Jungpflanzen siehe Kapitel Heinzelmännchen, Elfen und Gnome.

● Biomüll wird im Haus kompostiert und gleich weitergenutzt für wertvollen Humus. Das entlastet die städtische Müllabfuhr und schont die Umwelt. ●

Urbane Selbstversorgung – eine Utopie?

Obwohl sich nicht jeder Stadtbewohner komplett selbst versorgen kann, setzt der urbane Gärtner wichtige Zeichen, z.B. für einen achtsamen Umgang mit Lebensmitteln, für eine Unabhängigkeit von Agrarkonzernen – im Sinne eines selbstbestimmten Lebens. Auf den Tisch bekommt er Sortenvielfalt, Geschmack und Gesundheit.

Es gibt zu der konkreten Frage, wie viel Fläche man braucht, um eine Person komplett selbst zu versorgen, wenig Datenmaterial. Einer Publikation von Natur im Garten (2000) ist zu entnehmen, dass hierfür etwa 170 m² pro Person notwendig sind. Unter Aspekten der Permakultur kann der Ertrag jedoch erhöht werden: (1) mittels Flächenvergrößerung durch Hügelbeete, Kegelbeete, Hochbeete, Nutzung vertikaler Flächen und mehrerer Ebenen, (2) durch Nutzung von Wärmefallen zum Frostschutz (sonnenexponierte Steine, Wände) oder (3) in einem Klima, das eine lange Vegetationsperiode erlaubt, z.B. in pannonischen Klimalagen in Österreich oder im Bodenseeklima in der Schweiz und in Deutschland.

Die Angaben des österreichischen Permakulturberaters Bernhard Gruber sind teilweise spekulativ, aber spannend: „Auf einer Bodenfläche, die im konventionellen Anbau Platz für 4 Salatköpfe bietet, kann ich mit einem Salatbaum und ohne Agrochemikalien 38 Köpfe ziehen. Das entspricht fast dem 10-Fachen. Daher traue ich mich zu behaupten, dass eine Permakultur mit 10 bis 15 % der bisherigen Agrarfläche auskommt, um einen Menschen zu versorgen, insbesondere dann, wenn wir unseren Fleischkonsum etwas einschränken."

In dem Buch Unser Garten ist Gold wert hat der Autor Rodolphe Grosléziat am Beispiel seiner Region und dem Selbstversorgergarten seiner fünfköpfigen Familie einen Kostenvergleich für den Verbrauch eines Jahres angestellt. Bezugsgröße war die gesamte Ernte aus eigenem Garten:

- 3.650 € bei Kauf der entsprechenden Menge im Bioladen
- 2.950 € bei Kauf im Supermarkt aus konventioneller Landwirtschaft
- 1.060 € bei Vertragsanbau mit einem Biobauern
- 200 € im eigenen Garten und 3,5 Stunden Arbeit an der frischen Luft pro Woche (Bezugsgröße)

Produktiv, komplex, ganzheitlich

„Wenn wir von (ökologischer) Stabilität sprechen, dann meinen wir nicht die Stabilität von Betongebäuden oder ausbetonierten Straßen. In der Permakultur geht es um eine dynamische Stabilität, wie die eines Urwaldes, der sich ständig auf neue Gegebenheiten einstellen kann. Urwälder sind hochkomplex und gleichzeitig hochproduktiv. In der Permakultur wird ein solches System angestrebt" (frei nach einem Interview mit Bill Mollison/The Permaculture Concept – Part One, youtube.com).

{ **Museumsviertel** Wien: Apfelbaum auf der Dachterrasse }

{ **Seilerstätte,** Wien: Tomaten, Kapuzinerkresse und Kräuter }

Es gibt auch genug Beispiele dafür, dass urbanes Gärtnern oder stadtnahe Landwirtschaft lebensrettend ist:

● Die Kriegsgärten (war gardens) in den USA, Kanada, Großbritannien und anderen Ländern im Ersten und Zweiten Weltkrieg: Private Gärten oder öffentliche Parks wurden zur Lebensmittelversorgung der Bevölkerung genutzt.

● In den 1990er Jahren wurden die Kubaner gezwungen, eine ökologisch nachhaltige Selbstversorgung in Havanna und anderen Städten aufzubauen, da der sozialistische Handelsblock zusammengebrochen und Agrochemikalien sowie Treibstoff nicht mehr in ausreichendem Maße verfügbar waren.

● In den Städten Buenos Aires oder Rosario (Argentinien) mildern Haus-, Familien- und Gemeinschaftsgärten die materielle Not und stärken das soziale Netz, insbesondere in Folge der Wirtschaftskrise 2001 – und nicht nur dort. Bezeichnend, für ein Land, das nicht zuletzt aufgrund seiner Lebensmittelexporte zwischen den Weltkriegen zur Weltwirtschaftsmacht avanciert war.

Die Hälfte aller Lebensmittel wird weggeworfen

Würden wir nicht so viele Lebensmittel in die Tonne schmeißen, müssten wir nicht so viel produzieren. Die Daten zum Lebensmittelbedarf aus konventioneller Landwirtschaft verschleiern nämlich, dass ein großer Anteil der landwirtschaftlichen Produkte – von der Ernte, über den Transportweg und den Verbraucherkühlschrank bis zum Essteller – verkommen und vernichtet werden. Auch der Wahn, Kartoffeln oder Tomaten müssten alle einheitlich aussehen und gleich groß sein, führt dazu, dass die „nonkonformen" Feldfrüchte auf dem Acker gelassen werden, mitunter die Hälfte der Ernte oder mehr. Diese Wegwerfphänomene werden uns im eindrucksvollen Dokumentarfilm von Valentin Thurn Taste the Waste vor Augen geführt (http://www.taste-the-waste.de).

Selbstgezogenes hingegen wird geerntet, wenn wir es brauchen, haltbar gemacht oder verschenkt (!). Das, was ich mit eigenen Händen erzeugt habe, einfach wegzuschmeißen, das tut in der Seele weh, egal, wie wenig Geld es gekostet hat. Ein gesundes Regulativ, wie wir meinen.

Es gibt einen weiteren Einwand, den wir oft zu hören bekommen: Die Schadstoffe aus der städtischen Luft könnten die selbst gezogene Ernte vergiften. Eine aussagekräftige Studie zu dieser Fragestellung konnten wir leider nicht finden. Mit etwas Hausverstand kann ich aber nachvollziehen, dass Industrien mit giftigen Emissionen längst nicht mehr in unseren Städten zu finden sind. Das Thema „Blei" hat sich weitgehend erledigt, seit es keine bleihaltigen Treibstoffe mehr gibt, und um die Reduktion von Feinstaub sind Städte ohnehin sehr bemüht (Feinstaub ließe sich zudem von Gemüse und Obst abwaschen – gefährlicher ist das, was wir gewöhnlich in jeder Sekunde in der Stadt einatmen). Umgekehrt sind jedoch die Lebensmittel aus dem landwirtschaftlichen Bereich mit Nitraten und Pestiziden belastet und Fertigessen aus dem Supermarkt mit Aromastoffen versetzt, die keiner formalen Zulassung bedürfen (wer weiß, was all das mit uns macht?). Irgendwo lauert dann sogar noch die Gentechnik im Essen.

Nach diesem langen Vorspann sind hoffentlich auch Sie als Leser bereit, die grüne Gärtnerlatzhose anzuziehen. Es kann losgehen mit der Permakultur. •

Praktische Leitlinien und Ideen für eine Permakultur in der Stadt

Wie bei vielem, was man macht, braucht man auch beim urbanen Gärtnern eine gewisse Grundausrüstung. Der Vorteil der Permakultur: Im Sinne einer Kreislaufwirtschaft eignen sich hier viele Produkte und Materialien, die sonst oft auf dem Müll landen.

Zunächst die grundlegenden Aspekte für den Anbau von Nutzpflanzen, wie fruchtbare Erde, Wasser, Klima, Saatgut und andere Aspekte der Permakultur:

● **Erde:** Nicht gedüngte Bioerde besorgen, z.B. bei einem Bio-Gartenbaubetrieb. Pflanzliche Abfälle, auch Äste, gegebenenfalls vom Nachbarn (mit ihm reden!), zum Aufbau von Beeten verwenden. Organischen Abfall aus der eigenen Küche kompostieren (direktes Recycling). Auf keinen Fall Torf! Torf ist in vielen kommerziellen Pflanzerden enthalten, ohne dass dies dargelegt wird; als „bio" deklarierte Blumenerde besteht häufig zu großen Anteilen aus Torf, da der Bio-Begriff bei Erde gesetzlich nicht geschützt ist. Torfabbau wirkt klimaschädlich und zerstört Biodiversität. Besser ist Kompost: Gratiskompost und die preisgünstige torffreie Erde „Guter Grund" sind in Wien auf den Mistplätzen der MA 48 erhältlich; siehe zum Thema Torf auch www.bund.net/torffrei, www.euronatur.org und www.climatop.ch mit Einkaufsführern für torffreie Erde. Wie man Kompost selbst macht, erfahren Sie auf Seite 110 und Seite 142.

● **Wasser:** Regenwasser nutzen, das man dem Fallrohr des Daches entnimmt und in Tanks aufbewahren kann, bis man es benötigt. Auf Dauer ist die Nutzung wertvollen Trinkwassers aus der Leitung zu schade. Wasser ist „Leben" und eine knapper werdende Ressource, weltweit! (Siehe auch Seite 88)

● **Sonne & Wind:** sonnigere und schattigere Flächen unterscheiden. Überprüfen, welche Pflanzen sonnige, halbschattige oder schattige Orte bevorzugen. Nicht nur horizontale, sondern schräge oder vertikale Bereiche als Nutzfläche einbeziehen.

● **Saatgut und Anzucht:** Hybridsaatgut vermeiden. Am besten „alte" Sorten anbauen (siehe auch das Kapitel Pflanzenlatein in diesem Buch). Angezüchtete Salatpflänzchen sollten aus vertrauenswürdigen Biobetrieben stammen. Die verschiedenen Stammtischtreffen der Permakulturisten und Gemeinschaftsgärtner bieten immer wieder Saatguttauschbörsen. Lesen Sie zur Anzucht auch Seite 144.

● **Mulch:** In der Permakultur sollte es keine offene Erde geben. Die Bereiche um eine Nutzpflanze herum werden am besten mit Heu „abgemulcht", also abgedeckt. Das Wachstum von Beikräutern wird gehemmt, die Wasserver-

Abmulchen eines
Hügelbeetes mit Stroh

dunstung eingedämmt. (In der Permakultur wird nicht von Unkräutern oder Ungeziefer geredet, denn diese Bezeichnungen sind mit der Monokultur und ihren Folgen eng verbunden. Nützlich ist in der Natur alles, es ist immer nur eine Frage der Perspektive.) Ungewollte Beikräuter kann man ausreißen und zum Mulchen verwenden, mit den Wurzeln aufgedeckt zum Sonnenlicht gerichtet, damit diese Pflanzen die Kraft zum Weiterwurzeln verlieren. Als Mulchmaterial empfehlen wir auf den zahlreichen Grünflächen im städtischen Bereich entweder Laubwerk oder Grasschnittreste zu sammeln (Mulch immer selbst herstellen, bitte keinen Rindenmulch kaufen, da er meist chemikalienbehandelt ist und weite Transportwege hinter sich hat). Wichtig ist, dass im Schnittgut keine ausgebildeten Samenstände und Wurzelwerk enthalten sind, da sonst ungewollt wieder Beikräuter eingesät werden. Das Schnittgut vom Rasenmähen (ggf. vom Nachbarn) eignet sich auch.

● **Pflanzgefäße:** Die Wiederverwendung von Rohstoffen und Produkten ist gelebte Permakultur. Gemüsekisten aus Holz beispielsweise werden beim Gemüsehändler und in Supermärkten weggeworfen. Sprechen Sie mit den Menschen – die meisten freuen sich, wenn sie zu einem Recyclingprozess beitragen können. Mehr zu den verschiedenen Möglichkeiten für „Gemüsebeete" und Pflanzenbehältnisse auf Seite 58.

> 1.   horizontal
> 2.   vertikal
> 3., 4. horizontal auf höherer Ebene und
>   vertikal auf einer zweiten Rankhilfe

● **Pflanzebenen:** In der Permakultur nutzt man, ähnlich wie in einem Urwald, sämtliche verfügbaren Ebenen. Für den urbanen Bereich bedeutet das einen Flächenzugewinn durch mehrdimensionales Arbeiten: (1) horizontal, (2) vertikal, (3) horizontal auf höherer Ebene (z.B. mittels Pergola) und (4) auf zusätzlicher vertikaler Fläche (z.B. durch eine weitere Rankhilfe abseits der Wand).

● **Gemeinschaftliches:** Der Anbau von Essbarem fördert wie bereits erwähnt zwischenmenschliche Kommunikation. Wenn Sie für mehrere Wochen verreisen möchten, ist es gut, einen Gießpaten aus der Nachbarschaft zu werben. Im Gegenzug darf der Urlaubsgießer während Ihrer Abwesenheit das Essbare ernten. Ist das nicht ein guter Deal?

{ **Möglichkeiten** der Balkonbepflanzung }

● **(Un-)Gesetzliches:** In Gesetzen, Richtlinien und auch Hausordnungen steht meist drin, was man nicht darf, aber nicht, was erlaubt ist. Sprechen Sie mit Ihrem Vermieter, Hausmeister oder -verwalter. Auch wenn es nicht ganz genehm zu sein scheint, wenn Grünes zum Nachbarn rüberwuchert und neue Biotope geschaffen werden – manchmal entspinnt sich eine herzerfrischende Konversation und da, wo ein Wille ist, lässt sich auch ein Weg finden. Das Anbringen von Spalieren an der Hauswand oder von Pflanzgefäßen am Balkon mag untersagt sein. Das Aufstellen einer beweglichen und rückbaubaren Rankhilfe oder eines Hochbeetes innerhalb Ihres Balkons wird sicher zu einem nachahmenswerten Hingucker und bietet mitunter willkommenen Gesprächsstoff innerhalb der Hausgemeinschaft.

Anhand der im nächsten Kapitel **Desingerschuhe aus – Gummistiefel an!** dargestellten Projekte und Tipps werden einige der nachfolgend aufgeführten Begriffe nochmal illustriert. Beetformen in der Permakultur, die anders sind, als bei herkömmlichen Gärten:

{ **Möglichkeiten** der Fassadennutzung }

{ **Hochbeete** aus Bäckerkisten, stapelbar und mobil }

{ **Hochbeet** in einem typischen Kleingarten – hier die Kleingartenanlage Zur Linde, München }

● **Hochbeet:** Mithilfe hölzerner Einfriedungen oder durch Aufstapeln von Bäckerkisten wird die Pflanzebene um einen halben bis einen Meter erhöht. Beim Bearbeiten muss man sich nicht mehr bücken. Eine Sonderform ist dabei das **behindertengerechte Hochbeet**, das durch eine Verjüngung im unteren Bereich das Hineinfahren mit dem Rollstuhl erlaubt. Das „Pflanzsubstrat" kann dabei aus mehreren Schichten bestehen. Ganz unten kann grobes Astwerk liegen. Es speichert Feuchtigkeit und wird sukzessive zu Humus. Darüber kann man trockene Blätter, Rasensoden (Rasenziegel) und Gras und unvollständig verrotteten Kompost schichten. Zum Schluss folgt Kulturerde, in welche die Pflanzen gesät oder gesetzt werden. Beispiele finden Sie auf Seite 75 und 90.

● **Kegelbeet und Hügelbeet:** Beide Beetformen nutzen die Vertikale und vergrößern somit die Anbaufläche. Das Kegelbeet benötigt eine stabilisierende Außenmembran, damit der Erdkegel nicht erodiert. Das Hügelbeet kann durch geschicktes Aufschichten und Verdichten mit einer Steigung von 70° versehen werden – mit der Zeit sackt es ohnehin ab und muss nach einigen Jahren wieder rekonstruiert werden. Erosion wird durch Mulchen sowie aufgelegte und befestigte Zweige reduziert. Den Kern bildet grobes Astwerk und verrottbares Material (Papier, Karton, Textilien, daher auch Müllbeete genannt). Eine Sonderform ist das **Turmbeet**, das aus einem Kunststoffrohr besteht (siehe Salatbaum/Erdbeerbaum, Seite 104).

● **Schlangenbeet** („Bypassverfahren" nach Holzer, to bypass = engl. überbrücken): Lange Bahnen zusammengenähten Bauvlieses (Vliesschläuche) werden mit nährstoffreicher Erde befüllt und können über mehrere Stockwerke befestigt, ähnlich einer Rankpflanze, als zusammenhängendes vertikales Beet betrachtet werden. In eingeschnittene Löcher werden Salatpflanzen oder andere Gemüsesorten gesetzt. Das Gießen erfolgt gemeinschaftlich über sämtliche Stockwerke. Auch als Aktionskunst geeignet. Mehr dazu auf Seite 83.

{ **Hügelbeet** mit Rankhilfen (oben) und festgesteckten Ästen (unten), um ein Erodieren des Mulchs und der Erde zu verhindern }

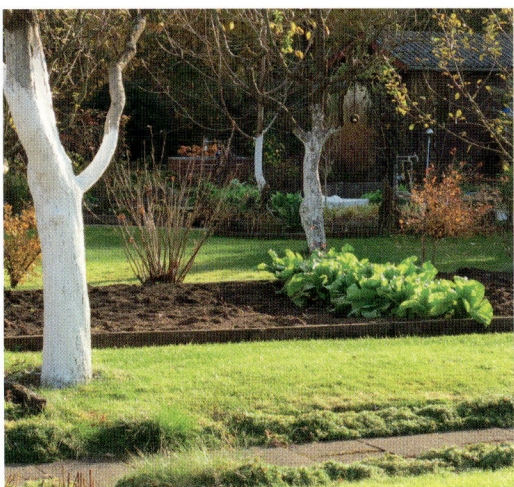

{ **Beete** bleiben in Schrebergärten meist ungemulcht – die Erde ist offen, Beikräuter können leichter wachsen. }

Bei den beschriebenen Formen handelt es sich um Permakultur-Klassiker. Der Phantasie sind keine Grenzen gesetzt, insofern können Sie sicher für Ihre eigene Beetform noch etwas Neues erfinden! In der Permakultur ist es auch legitim, gebrauchte Gegenstände umzufunktionieren oder Weggeworfenes zu recyceln. Wichtig ist, dass in den Gefäßen zuvor keine giftigen Chemikalien gelagert wurden, und am sichersten sind Gefäße, die ohnehin aus dem Lebensmittelbereich stammen. Folgende Materialien lassen sich zum Bauen von Beeten oder als Pflanzgefäß auch verwenden: Reissäcke, Bäckerkisten (siehe Abbildung), Obst-/Weinkisten oder ausgehöhlte Baumstämme.

Es gibt sicher Leser unter Ihnen, die zwar in einer städtischen Wohnung leben, aber doch lieber in einem Garten und in Gemeinschaft mit anderen Menschen gärtnern möchten.

● **Schrebergärten:** Es handelt sich um sogenannte Kleingartenanlagen, auch als Heim- oder Familiengärten bekannt, die meist in Form von Vereinen organisiert sind (siehe auch www.kleingarten-bund.de, www.kleingaertner.at, www.familiengaertner.ch); sie sind schon seit Jahrzehnten in vielen Städten etabliert, ein Experimentieren im Sinne der Permakultur ist oft nicht erlaubt (Kleingartenordnung, Vereinssatzung), die einzelnen Gärten sind durch Zäune voneinander abgeriegelt, auch ist es mitunter nicht leicht, eine Fläche zu bekommen. Für manch einen hat der Schrebergarten den Muff des Spießigen. Der Schrebergarten ist oft ein missverstandener Weg zurück zur Natur, er gleicht vielfach einer Giftdeponie, da es im Handel speziell auf Schrebergärten abgestimmte Agrochemikalien zu kaufen gibt, wie z.B. Blaukorn (führt zur Überdüngung mit Phosphat und Kali) oder Schneckengift. Arbeiten im Schrebergarten sollte vielmehr ein „biologisches" Wetteifern der Gärtner sein und nicht ein „agrochemisches".

● **Gemeinschaftsgärten:** Diese sind heterogener und entstehen häufig spontan auf „innerstädtischen Brachen" (ungenutzten

{ **Interkultureller** Naturgarten Greifenstein (www.gartenpolylog.org) }

{ **Nachbarschaftsgarten** Heigerlein }

Flächen), manchmal per Übernahme durch Guerilla Gardening, auch formalisiert durch Pacht oder im Rahmen eines städtebaulichen Gesamtkonzeptes. Im Vordergrund steht hier eine offenere Kultur der Gemeinschaftlichkeit und des gärtnerischen Zusammenarbeitens (www.urbanacker.net). Ein aktuelles Beispiel sind die Prinzessinnengärten in Berlin (prinzessinnengarten.net), der Gemeinschaftsgarten der ETH Zürich (www.seedcity.ethz.ch) oder der gerade im Entstehen begriffene Münchener Gemeinschaftsgarten o'pflanzt is! (www.o-pflanzt-is.de; wir berichten im Projektteil auf Seite 112 darüber).

Eine Sonderform des Gemeinschaftsgartens ist der **interkulturelle** oder **internationale Garten**. Das Gartenkonzept gilt als wirksames Instrument zur Integration von Migranten und als Begegnungsstätte mit der einheimischen Bevölkerung. Für viele Migranten ist ein Stück bewirtschafteter Erde ein Stück Heimat, auf dem das typische Gemüse aus dem Ursprungsland angepflanzt wird. Viele Migranten stammen aus ländlichen Gebieten und

in den Gärten können sie ausleben, was sie von zu Hause kennen. Nicht umsonst befassen sich viele Soziologen und Sozialpädagogen mit der die Verständigung fördernden und Frieden stiftenden Wirkung des Gärtnerns (www.stiftung-interkultur.de).

Ein weiteres, seit einigen Jahren zu beobachtendes Phänomen ist die Annäherung zwischen Stadtbevölkerung und stadtnahen Landwirten, wo sich die Produzenten und die Konsumenten als Partner auf Augenhöhe sehen und die (undurchsichtigen) Machenschaften mancher Produzenten fern des Wohnortes sowie die Knebeleien der Handelskonzerne überflüssig werden.

● **Krautgärten:** Es handelt sich dabei um landwirtschaftliche Flächen am Stadtrand, die dem Stadtbewohner eine Selbstversorgung mit Biogemüse ermöglichen (z.B. www.muenchen.de, Stichwort: Krautgärten, www.selbsternte.at). Der Bauer stellt hierfür in der Regel eine Ackerfläche zur Verfügung, die manchmal unter Einsaat verschiedener Gemüsesorten in Streifen bestellt wird. Anschließend erfolgt

Selbstversorgerhaus

[frei nach **The Integral Urban House** (1979), Farallones Institute, Sierra Club Books, San Francisco]

A. Dachgarten (Flachdach)
B. Sonnenkocher/Sonnenofen
C. Sonnenkollektoren (Heizung und Heißwasser)
D. Wand aus leeren Flaschen zur Raumtemperierung
E. Photovoltaik zur Stromerzeugung
F. Wärmedämmung mit Steinwolle oder Schafwolle
G. Zierpflanzen/Zimmerpflanzen
H. Bienenzucht
I. Gemüsegarten
J. Kleinvieh
K. Vorratshaltung
L. Wintergarten/Gewächshaus
M. Aquakulturen (Fischzucht)
N. Biologischer Pflanzenschutz
O. Pilzkulturen – im Keller
P. Abfallverwertung (Kompostieren) und Hochbeet
Q. Recycling (Mülltrennung)
R. Weiterverwendung von nährstoffreichem Abwasser
S. Komposttoilette
T. Erdwärme (Heizung & Warmwasser)
U. Regenwassertank zur Gartenbewässerung

{ **Krautgarten** in Hohenbrunn, am Stadtrand von München }

quer dazu eine Parzellierung, sodass jeder Pächter für die Dauer der Vegetationsperiode den Anbau gießen, pflegen und abernten kann. Da die Fläche vor Beginn des Winters umgepflügt wird, sind nur einjährige Pflanzen möglich. Bei anderen Konzepten erfolgt die Einsaat durch den Pächter selbst. Agrochemie ist tabu. Für viele Berufstätige ist die Fahrt zum eigenen Acker direkt nach der Arbeit und auf dem Weg nach Hause eine befriedigende und entspannende Aktivität – und es ist ein Gegensatz zur kopflastigen Bürotätigkeit. Zu Hause wird dann die Ernte zu leckeren Gerichten verarbeitet. Manche Krautgärtner nutzen Internetforen, um miteinander zu kommunizieren („Wer kann heute meine Parzelle mitgießen?", z.B. www.krautgarten-forum.de). Im Herbst wird gemeinschaftlich der Erntedank gefeiert. Krautgärten sind im Gegensatz zu Schrebergärten in der Regel komplett offen, wie andere landwirtschaftliche Ackerflächen auch.

{ **Möglichkeiten** der Vertikalbegrünung }

{ **Kreativität** bei der Auswahl von Pflanzgefäßen – hier Strumpfhosen im Rahmen einer künstlerischen Interpretation des Themas „Gärtnern" durch die Aktionskünstlerin Tilla Künzli }

Manche neue gemeinschaftliche Gartenaktivität zur Selbstversorgung entsteht im Rahmen der weltweiten Transition-Town-Bewegung, die in Totnes (England) 2005 mit Naresh Giangrande und Rob Hopkins in Hinblick auf den zu erwartenden gesellschaftlichen Zusammenbruch ihren Ursprung hat (kurz TTT, www.transitiontowntotnes.org, transition steht für „Übergang, Umschaltvorgang"). Mittlerweile hat die Bewegung weltweit Anhänger gefunden, die sich vernetzen, um den ökologischen und ökonomischen Herausforderungen der kommenden Zeit zu begegnen, selbstorganisiert, selbstfinanziert und jenseits von Politik und Wirtschaft. Eines der vielen ökologischen Projekte befasst sich auch mit der Selbstversorgung unter Gesichtspunkten der Permakultur. Die Internetplattform im deutschsprachigen Raum ist: www.transitioninitiativen.de.

● **Wissenstransfergemeinschaften:** Eine interessante Variante ist das Lebensfeld Jaksch im Chiemgau (Bayern). Der Gründer Hubert Jaksch bietet in seinen Gemüsefeld-Lernprojekten die Möglichkeit, unter seiner fachkundigen Leitung gemeinsam und selbstverantwortlich Lebensmittel anzubauen. In seinen Kursen lehrt er auch, wie man Leben und Essen mit den Naturgesetzen in Einklang bringen kann, wie man Lebensmittel optimal lagert und wertsteigernd zubereitet (mehr unter www.hubertjaksch.de). Ein weiteres spannendes Konzept: Hilfe beim Anlegen eigener Beete – hier ein Beispiel einer begeisterten Gärtnerin aus München, die ihr Hobby zum Beruf machte: www.m2garten.com.

● **Landwirtschaftsgemeinschaftshof** (auch CSA, Community Supported Agriculture) ist eine Form der Versorgung mit Biolebensmitteln, bei der Sie Ihre Hände nicht in die Erde stecken müssen. In der Form eines Abonnements gehen Sie mit einem Bauern vor Ort einen Abnahmevertrag für 6 bis 12 Monate ein. Sie wissen sicher, wo Gemüse und Obst angebaut wird und wie. Der Bauer hat feste Abnehmer, die wöchentlich mit einer „Biokiste" beliefert werden. Das Konzept entstand in den 1960er Jahren in Japan. In Deutschland zum Beispiel unter www.waldgaertner.de oder

Zukunftsvision für München vom Architekten-, Landschaftsarchitekten- und Stadtplanerteam
AGROPOLIS (www.agropolis-muenchen.de)

www.solidarische-landwirtschaft.org (mit Hö-feliste), in Österreich unter www.ochsenherz.at oder auf Verbraucherseite als Foodcoops unter www.speis.org oder www.bioparadeis.org, in der Schweiz – meist als Vertragsland-wirtschaftsprojekte – unter ortoloco.ch oder www.birsmattehof.ch.

Eine Trambahnlinie – die Viktualientram – bringt frische Lebensmittel vom Agrikulturpark Freiham mitten in die Stadt – so sieht es die visionäre Planung vor.

◆ Auch in der **Stadtentwicklung** tut sich was. Der Agrikulturpark Freiham ist ein mehrstufiges Bauprojekt im Norden Münchens auf 350 ha, bei dem Formen ökologischer Landwirtschaft und urbane Entwicklung miteinander verbunden werden sollen. Es ist derzeit als Vorzeigeprojekt unter dem Namen Agropolis® München durch eine interdisziplinäre Arbeitsgemeinschaft von Stadtplanern und Architekten entstanden. Grünflächen und Hausdächer sollen hier verstärkt zum Anbau von Lebensmitteln ausgewiesen werden. Permakultur ist noch nicht berücksichtigt – wir hoffen, dass möglichst viele landwirtschaftliche Flächen erhalten und in Permakultur angelegt werden. Was diesbezüglich in Wien Spannendes geplant ist, lesen Sie auf Seite 120. ◆

Designerschuhe aus – Gummistiefel an!

Frisches Obst für die Ärmsten der Armen: Permakultur auf der Müllhalde

Auf seinen Reisen durch Lateinamerika erlebte Sepp Holzer die unglaubliche Armut der land- und besitzlosen Stadtmenschen. Die Filmdokumentation hierzu durfte im europäischen Fernsehen aufgrund der aufgezeichneten Grausamkeiten nicht ausgestrahlt werden.

Idee und Projektleitung: Sepp Holzer
Orte: Kolumbien, Brasilien, Thailand, Ecuador und überall, wo Armut herrscht
Projekt: Selbsthilfe für „Erdenbürger ohne Erde"

Unter dem Eindruck des Elends entwickelte Sepp Holzer ein Konzept, mit dem er Straßenkindern und Bewohnern von Müllhalden und Slums zeigen möchte, dass auch sie in der Lage sind, ihre Erde selbst zu erzeugen und eigenes Gemüse zu ziehen. Innerlich zutiefst von dem Elend aufgewühlt, war es ihm ein echtes Anliegen, für Menschen eine Perspektive aufzuzeigen.

Bau von Müllbeeten

Das notwendige Material, wie Metallrohre, Gummireifen, Draht, Vliese oder Kunststoffgewebe und -rohre findet sich in den Abfällen. Ist weit und breit keine fruchtbare Erde auszumachen, kann über die Kompostierung organischen Materials Humus bereitgestellt werden. Am problematischsten ist in armen Gebieten die Gefahr von Diebstahl durch andere Hungrige, weshalb sich die Müll-Kids in direkte Nähe zum Kegelbeet schlafen legten. Auch war nicht immer das geeignete Baumaterial zu finden, aber Menschen unter diesen lebensunwürdigen Bedingungen sind Meister im Improvisieren.

In einem Ökodorf im Alentejo (Portugal) hält Sepp Holzer jährlich praktische Kurse für Menschen aus allen Erdteilen ab, unter anderem werden Bewohner der Favelas (Slums) Brasiliens eingeladen, denen er die Bauweise solcher Anlagen (Müllbeete als Hügel- oder Turmkonstruktionen) vermittelt.

{ **Sepp** Holzer erklärt den Bau eines Kegelbeetes, das hauptsächlich aus Sperrmüll und anderen Haushaltsabfällen gebaut werden kann. }

{ **Aufrichten** der tragenden
Konstruktion aus Schrottteilen }

Permakultur-Tipp: Müllbeet als Kegelbeet

Sepp Holzer

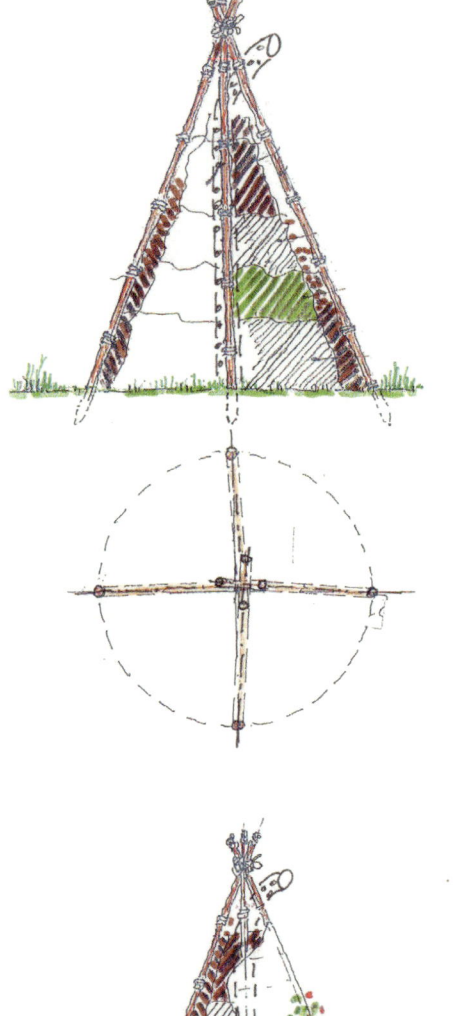

{ **Auslaufstelle** des Bewässerungsrohres mit Stöpsel }

{ **Entwurf** einer Kegelbeetvariante }

Eine vertikale, kegel- bzw. turmähnliche Konstruktion aus Metallrohren oder Holzbalken bildet das Grundgerüst, welches schlussendlich mit luftdurchlässigem, aber nichtverrottbarem Textilgewebe oder Vlies ummantelt wird. Mittig vertikal wird ein durchgehend perforiertes flexibles Rohr gesetzt, dessen oberer Stutzen aus der Kegelspitze herausschaut, das untere Ende wird seitlich aus dem Kegel herausgeleitet und hier mit einem Stopfen aus Textilien zugestöpselt (damit das Wasser später bei der Bewässerung nicht entweichen kann, bevor es in den Kegel gesickert ist). Als Rohr eignet sich ein Drainflex-Rohr mit max. 60 mm Durchmesser bzw. ein dünneres Kunststoffrohr, in das man Löcher bohrt.

Anschließend wird der entstandene „Turm" mit Erde und organischen Abfällen gefüllt. Das leergebliebene Rohr dient

{ **Setzlinge** werden in eingestochene Löcher gepflanzt. }

{ **Zugewachsenes** Turmbeet nach einem Jahr }

der späteren Bewässerung des gesamten Gebildes. Ist das organische Material verrottet, kann man von oben in den Turm Abfälle nachfüllen. Ins Vlies macht man Löcher oder Schlitze und setzt Samen oder pflanzt Setzlinge – auch diese lassen sich im Abfall finden. Die restliche Arbeit bis zur Ernte leistet größtenteils die Natur für den Menschen.

Als Bepflanzung eignen sich alle Pflanzen, die ihre Früchte außen bilden, also keine Knollengewächse wie Kartoffeln etc. Oben setzt man Pflanzen, die es trocken lieben (Kräuter, Erdbeeren), unten solche, die Feuchtigkeit bevorzugen, wie Kohlarten, Kürbisse oder Zucchini. Aber auch Salat und Bohnen können am Kegel gepflanzt werden (siehe dazu auch „Gute Nachbarn" auf Seite 146).

Hinweis zur Pflege
Das Rohr in der Mitte wird von oben mit Wasser befüllt (und von Zeit zu Zeit wieder nachbefüllt). Mit der Zeit werden die Wurzeln der Pflanzen in die Perforationen des Bewässerungsrohres wachsen und die Funktion behindern. Ein steifes Rohr mit einem Außendurchmesser, der knapp unter dem Innendurchmesser des Bewässerungsrohres liegt, lässt sich durchschieben und erlaubt somit das eingewachsene Wurzelwerk zu kappen. ◖

Todmorden: Zivilcourage und Bürgerinitiativen bewirken Positives

Todmorden – der Name hat nichts mit Tod oder morden zu tun, ganz im Gegenteil: Das ist ein Ort mit rund 15.000 Einwohnern, der den Anspruch hat, ein „essbares Dorf" zu werden, in dem vor allem jungen Menschen wieder ein sinnvolles und erfülltes Leben geboten werden soll.

Idee: Mary Clear, Pam Arhurst und weitere
Orte: Todmorden, West Yorkshire, Großbritannien
Projekt: „Essbare Stadt"

Wenn es nach einigen Todmordenern geht, möchten sie bis 2018 weitestgehend nahrungsmittelautark sein. Die Ortschaft liegt 17 Kilometer entfernt von Manchester, in West Yorkshire, Großbritannien, eingebettet in ein Tal, in dem es zu Zeiten der industriellen Revolution wie in der City of Manchester Baumwollspinnereien gab. Todmorden ist von viereinhalbtausend Hektar Agrarland umgeben, das größtenteils zum Heuernten genutzt wird, zum Teil auch für die Intensivhaltung von Rindern und Schafen. Außer Fleisch gibt es keine lokalen Produkte wie Gemüse oder Obst, alles muss von weit her eingeführt werden. Die noch lebenden Bauern sind betagt und an Veränderungen nicht mehr interessiert. Auch können sie sich gar nicht vorstellen, dass der Anbau von Nahrungsmitteln möglich sein könnte. Das letzte Mal, als man auf den Feldern noch Hafer und Kartoffeln sehen konnte, liegt 50 bis 60 Jahre zurück.

Bürgerinitiative für mehr Selbstbestimmung
Initiiert wurde die Bürgerinitiative Incredible Edible Todmorden IET (unglaubliches, essbares

Todmorden) vor etwa fünf Jahren durch zwei Guerilla Gardener: Mary Clear (Kommunalbeamtin) und Pam Arhurst (Lokalpolitikerin) sowie weiterer Aktivisten, die ohne Erlaubnis des Gemeinderats angefangen haben, öffentliche Flächen wie Parks, verwahrloste Grundstücke, städtische Blumentröge und sogar den örtlichen Friedhof mit Gemüse und Kräutern zu bepflanzen – über 500 Obstbäume wurden bisher zusätzlich gesetzt.

Dabei geht es gar nicht darum, die Bevölkerung aus den mittlerweile 130 öffentlichen Beeten in der Stadt zu ernähren. Die Aktionen sollen vielmehr ein Bewusstsein dafür schaffen, dass der Anbau von Lebensmitteln nichts Beschämendes ist, sondern einfach zu einem selbstbestimmten Leben dazugehört. Die sechs Schulen im Ort haben den Gemüseanbau bereits als wesentlichen Bestandteil in ihren Lehrplan aufgenommen. „So flexibel sind die Schulen hier wenigstens", erklärt Aktivist Nick Green, promovierter Biochemiker und Künstler, der die Gartenbaulehrlinge vor Ort unterrichtet – ganz bewusst im dreckigen grünen Overall gekleidet, damit der Nachwuchs sieht, dass solch ein Aufzug völlig in Ordnung ist, auch wenn es anfangs dämlich wirken mag.

{ **Selbst** der örtliche Friedhof wurde zum Zwecke
der Selbstversorgung von Guerilla-Gärtnern
Todmordens in Beschlag genommen. }

Prince Charles besuchte Todmorden im Jahr
2010 auf einer Tour zur Förderung nachhaltiger
Lebensweisen. Sein Fazit: „Die Incredible-Edible-
Todmorden-Initiative ist begeisternd. Ich freue
mich sehr, dass sie auf dieser Tour als leucht-
endes Beispiel dafür steht, wie Menschen in
Gemeinden einander unterstützen können, um
ein nachhaltigeres Leben zu führen." (Zitat aus
BBC Mobile News Bradford, 8.10.2010)

Wir sprachen mit Nick Green persönlich – sein
Familienname „Grün" ist kein Künstlername,
aber sicher auch kein Zufall.

Wie stehen Sie als Dozent zur Permakultur?
Nick Green: „Ich weiß noch nicht viel über Permakultur, ich weiß nicht einmal, ob das, was wir

hier anbauen, wirklich „bio" ist. Allerdings verwenden wir keine Chemikalien. Daher interes-
sieren wir uns sehr für Sepp Holzer. Das, was
er macht, scheint Hand und Fuß zu haben. Ich
habe sein Buch gelesen und den Krameterhof
einmal besucht. Ich stelle fest, dass die Prob-
lemlösungen, die er anbietet, auch hier funktionieren müssten, nicht zuletzt schon deswegen,
weil wir hier ein ähnliches Klima haben wie er.
Es ist bergig, kalt und zudem windig."

**Wie ist der bisherige Verlauf der Initiative ge-
wesen und wie geht es weiter?**
Nick Green: „Das mit dem Guerilla-Gärtnern
hat das Thema Nahrungsmittelautarkie auf
effektvolle Weise in das Bewusstsein der ganzen Ortschaft gebracht. Mittlerweile ziehen die

Bürger an einem Strang und durch das Gärtnern in den Schulen werden Jugendliche dazu gebracht, Gartenbau und Landwirtschaft wieder als Beruf zu wählen. Was die Vermarktung der IET-Produkte betrifft, nehmen lokale Restaurants bereits jetzt so viel Gemüse, Kräuter, essbare Blüten und Obst ab, wie sie bekommen können. Im nächsten Schritt müssen wir uns geeignete Agrarflächen suchen, um das Gelernte im großen Stil umzusetzen, damit die jungen Menschen sich eine Existenz aufbauen können, sei dies auch nur im Nebenerwerb. Oft ist für Jugendliche hier die einzige Alternative das Nichtstun. Das möchten wir ändern. Permakulturexperten wie Sepp Holzer könnten uns enorm weiterhelfen."

Sepp Holzer gilt auf der Webseite www.incredible-edible-todmorden.co.uk als Farmer Hero, Held der Landwirtschaft, der die Todmordener in den 1990er Jahren angefangen hat zu inspirieren.

Permakultur-Tipp: Kartoffelacker zu Hause

Sepp Holzer

Eine zylindrische Einfriedung aus Kaninchendraht und Kompost genügt, um Humus und Essbares gleichzeitig zu erzeugen. Die Kartoffeln werden zusammen mit kompostierbaren Abfällen (Laub und geschnittenes Gras) in Erde eingebettet und überdeckt (wichtig!). Während das Kartoffelkraut wächst, füllt man in der Mitte weiterhin mit Küchenabfällen auf und beschwert diese mit Steinen. So entsteht ein Turm aus Kompost und Kartoffelpflanzen, die am Rand in der Erde wachsen. Gut zerkleinerte Küchenabfälle können zusätzlich direkt zwischen die vorhandenen Kartoffelkulturen eingearbeitet werden, jedoch nur in kleineren Mengen, damit es nicht zur Überdüngung kommt. Man kann mit diesem „Kartoffelacker" sowohl Kartoffeln als auch Kartoffel-Saatgut erzeugen. (Siehe zu Kompost auch Seite 142) ◗

Vom Zuccotti-Park aus in die Welt

Wer gegen das System protestiert, sollte sich gleichzeitig auch davon unabhängig machen, sind die Occupy-Aktivisten überzeugt und bieten in New York City öffentliche Permakultur-Workshops an.

Idee: Dennis Posthumus
(The Danghiz Post'Umus)
Orte: zunächst im Zuccotti-Park im Stadtteil Manhattan, New York City, USA. Die Bewegung hat sich als Basisbewegung (**grassroots movement**; Graswurzelbewegung) innerhalb von wenigen Tagen in den USA, Europa und dem Rest der Welt ausgebreitet. Der Zucotti-Park liegt unweit vom **World Trade Center** und den nicht mehr existierenden **Twin Towers**, die dem Anschlag am 11.9.2001 zum Opfer fielen.
Projekt: Permakultur für die Occupy-Wall-Street-Bewegung

{ **Demonstration** einer Grauwasseraufberei-
tungsanlage im Zuccotti-Park }

Dennis Posthumus via Skype:

„Als ich vor etwa einem Jahr auf einem Bauernhof in Südportugal, auf der Quinta do Vale da Lama gearbeitet habe, traf ich auf Sepp Holzer. Das war wegweisend. Ich lernte mit der Natur zu arbeiten, indem wir Kulturpflanzen nach dem Prinzip der Permakultur setzten. Eine großartige Erfahrung mit großartigen Menschen. Wir saßen bis spätabends zusammen, um über internatio

{ **Wendezeit**
„Nach der Energiewende kommt die Nahrungsmittelwende." Richard Pestemer, Bürgermeister von Neunkirchen, Hunsrück, Deutschland }

nale Möglichkeiten und Projekte zu sprechen. Mit größtem Interesse verfolgte ich Sepp Holzers Ausführungen über die Chancen zur Rettung der portugiesischen Landschaft vor der Verwüstung. Er erklärte uns, wie er durch die Regelung des Wasserhaushaltes mit einfachen Schritten Grund und Boden heilt. Es war für mich unglaublich, wie nachhaltig man Probleme schnell und einfach lösen kann. Diese Art der Permakultur lässt für mich keinen Zweifel daran, dass die eigentlichen Schwierigkeiten unserer Gesellschaft einfach zu lösen wären. Mit ganz wenigen Schritten könnten unsere Krisen Geschichte sein, man müsse nur mit der Natur und nicht gegen die Natur arbeiten.

{ **Strampeln** für den Öko-Strom: Das Solarrad erzeugt Energie. }

Die aktuelle Finanzkrise hatte ihren Beginn im Zusammenbruch der Marktwirtschaft im Jahre 2008; mittlerweile hat die Krise auch die Realwirtschaft erreicht. Der beschleunigte Abbau unserer natürlichen Ressourcen, das Verbrennen von fossilen Brennstoffen, die industrielle Produktion, Finanzen und Handel haben uns an die Spitze des modernen industriellen Zeitalters und gleichzeitig an den Rand der Existenz gebracht.

In den letzten Monaten konnte man die Occupy-Bewegung als weltweiten Aufruf zu friedlichen Protesten erleben. Demonstranten in über 1.000 Städten auf der ganzen Welt folgten dem Protest des 15. Oktober 2011 und besetzten öffentliche Plätze. Was als friedlicher globaler Protest gegen den Einfluss der Banken auf die Politik, Verwaltung und Industrie begann, wurde zu einer Massenerhebung gegen die finanziellen, wirtschaftlichen und kulturellen Systeme, die von einigen wenigen Menschen angeführt werden. Das alleinige Streben nach Profit und Eigennutz offenbart nun seine katastrophalen sozialen und ökologischen Auswirkungen.

Diese unsere Revolution wird nicht über das Fernsehen übertragen – aber sie wird auf Facebook zu sehen sein! Das Internet hat eine zentrale Rolle bei der Entwicklung und den Erfolgen der Occupy-Bewegung gespielt. Viele Proteste wurden und werden durch Facebook-Gruppen und -Seiten organisiert, ein Großteil der Kommunikation läuft über diese und ähnliche soziale Plattformen. Videos werden en masse auf YouTube hochgeladen und über die ganze Welt versendet. Live-Streams ermöglichen es, den gezielten Aktionen rund um die Welt zu folgen. Durch die digitale Welt erreicht dieses Ereignis das kollektive Bewusstsein auf der physischen und der digitalen Ebene.

Um dieser Bewegung einen Beitrag zu liefern, installierte einer meiner Freunde die Domain: www.occupy-wallstreet.com. Bald wurde klar, dass die Occupy-Bewegung ein enormes Potenzial birgt, nachhaltige Lösungen aufzuzeigen. Als wir über Permakultur und die positiven Lösungsansätze zur Schaffung von dauerhaftem Überfluss berichteten, ernteten wir für unser Projekt überwältigende Begeisterung von der Online-Community. Die Occupy-Bewegung in verschiedenen Städten rund um den Globus führte den Menschen nachhaltige Praktiken wie Kompostierung, Anbau von Nahrungsmitteln und Abwasserwirtschaft vor Augen. Workshops wurden organisiert, um den Menschen die vielen Möglichkeiten aufzuzeigen, die sich durch solch eine Herangehensweise ergibt.

Der anfängliche Erfolg der Occupy-Bewegung wurde mit brutaler Polizeigewalt gegen Jugendliche, Frauen, ältere Menschen und andere friedliche Demonstranten unterbrochen. Die besetzten Bereiche wurden niedergerissen und geräumt, Eigentum zerstört oder beschlagnahmt. Doch wie es bei Wahrheiten ist: Du kannst eine Idee nicht töten! Wie die Vision einer besseren Welt bleibt auch der Occupy-Gedanke bestehen. Ebenso ist es mit der Permakultur. Die Macht des Internets als Katalysator für gesellschaftliche Veränderungen ist bereits gezeigt worden, viele Menschen entdecken ihr Leben neu, entweder online oder in den Straßen.

Es ist klar, dass die wirkliche Veränderung nur bei sich selbst und durch die Rückkehr zu gesunden Lebensweisen beginnt. Die Nachfrage nach einer gesunden Lebensform, mit mehr Nähe zur Natur und in Harmonie mit unserem Umfeld wird entstehen und darum ist es jetzt an der Zeit, etwas zu ändern. Nur so kann unser Wunsch nach einer veränderten Welt Realität werden. Es ist durch das Vorführen urbanen Gärtnerns möglich, den „99 Prozent" der Menschen zu zeigen, was wir mit dieser neuen Kultur bewirken können."

Permakultur-Tipp: (K)einkaufswagen

Tilla Künzli, Aktionskünstlerin, Basel, Schweiz

Hochbeete sind bequem zu bearbeiten und beernten. Einkaufswägen bieten zusätzliche Mobilität. Ladekorb mit Kunststofftextilgewebe oder Vlies auslegen, sodass Wasser ablaufen kann, die Erde jedoch nicht hindurchfällt. Danach schichtweise mit Ästen, Laub, Küchenabfällen und Erde befüllen. Fertig ist ein bepflanzbares, mobiles Biotop als Werbeträger, für Kunstaktionen oder als Reservoir frischen Gemüses aus dem Einkaufswagen ohne Einkauf – eben dem (K)einkaufswagen.

{ **„Einkaufswagerl-Zug"** nach Bernhard Gruber }

Hinweis

Herren- und namenlose Einkaufswägen finden sich oft in Parkecken, auf Brachflächen oder dort, wo hin und wieder Unrat landet. Augen offen halten. Für größere Projekte empfiehlt es sich, an Supermärkte oder Einzelhandelsketten heranzutreten. Diese verfügen mitunter über Kontingente ausrangierter Einkaufswägen, die man zu günstigen Konditionen und ganz legal übernehmen kann.

Weitere Projekte urbanen Gärtnerns in der Schweiz: www.urbanagriculturebasel.ch, „Local Food for Local People", Initiative und Verein zur Gestaltung einer essbaren Stadt. ◗

Tomaten und frische Kräuter ohne Balkon oder Terrasse

Wer Licht hat, hat auch Gemüse, könnte man sagen. Wie das geht und wie wenig Platz man dafür braucht, zeigt dieses private Projekt im Herzen Wiens. Unbedingt zum Nachahmen empfohlen!

Idee: Doris S. (36), Buchhändlerin
Orte: 60 m², 3-Zimmer-Wohnung, Altbau, Südseite im obersten Stockwerk, 2. Bezirk, Wien, Österreich
Projekt: Nutzpflanzen in der Wohnung

Wie kamst du zu deinem Wohn- und Essgarten inmitten Wiens?

Doris S.: „Ich habe von meiner Großmutter mitbekommen, was man mit Gartenarbeit alles produzieren kann: Kräuter, Obst, Gemüse. Ich

{ **Hochranken** der Tomatenpflanzen }

kann mich noch genau an den Geschmack der geernteten Früchte in meiner Kindheit erinnern. Wenn ich heute in den Supermarkt einkaufen gehe, schmeckt das Gekaufte nicht so wie damals. Ich wohne in der Stadt und hatte bisher Kresse, Basilikum und Petersilie in Blumentöpfen, die abgeerntet werden, dann wirft man den Rest weg. Durch Videos im Internet über urbanes Gärtnern in New York bin ich draufgekommen, dass es auch anders geht. Ich habe große Blumenkästen gekauft und die komplette Fensterbankfläche, Heizkörper im Sommer und freie Regale am Fenster genutzt, die Kästen waren weiß und passten gut in die Wohnung. Ich kaufte Erde, teilweise nahm ich auch Erde von draußen, säte Tomaten und Salat. Als ich schließlich über Judith von Sepp Holzer hörte, war ich von seiner Arbeit begeistert und ich merkte, dass das, was ich machte, eigentlich Permakultur war."

Was bedeutet dein Permakulturgarten in der Wohnung für dich?

Doris S.: „Ich finde es toll, dass immer etwas Grünes in meiner Wohnung ist. Die Tomaten ranken die Fenster hoch und wirken wie eine Gardine, aber natürlich. Wie in einem Garten fühle ich mich hier. Zudem möchte ich wissen, was ich esse und woher es kommt. Getrocknete Gewürze muss ich nicht mehr kaufen, das Raumklima ist besser, im Winter wird die Luft auf natürliche Weise befeuchtet und im Sommer habe ich auf-

{ **Beginn** der Anpflanzung im Frühjahr }

grund der Tomaten auch keine Gelsen (Anm.: Stechmücken) mehr, das mögen die nicht. Ich dachte, solche Pflanzungen wären viel Arbeit, aber es funktioniert von alleine, man muss nur gießen und die großen Tröge trocknen zum Glück nicht so schnell aus."

Kompostierst du deine Küchenabfälle?
Doris S.: „Ja, mittlerweile muss ich die Erde nicht mehr austauschen. Ich arbeite die Küchen-abfälle unter oder lege abgeschnittenes pflanzli-ches Material oben drauf, das langsam verrottet, und merke, dass ich weiter ernten kann, den Rest macht die Natur. Ich habe wahnsinnig viel Licht durch die Lage der Wohnung und kann bis zu vier Mal pro Pflanze Tomaten abernten, nachdem ich jedes Mal die Pflanze auf ein Drittel zurückge-

schnitten habe. Dazu Schnittsalat und Kohl, die Kräuter sowieso."

Wenn Doris verreist, kümmern sich Nachbarn oder Freunde um das Gießen. Das sei überhaupt kein Problem, bestätigt sie. Schön gewohnt habe sie zwar schon immer, aber durch dieses Grün, wo ständig etwas Neues nachwächst, da kann sie rich-tig entspannen, wie im eigenen Garten. Zierpflan-zen hat die Wohnungsgärtnerin auch. Die stehen neben den Nutzpflanzen und – so Doris – wach-sen um die Wette, fast als ginge es ihnen in der Gemeinschaft mit anderen Pflanzen besser als zuvor, alleinstehend. In Räumen sind die Pflanzen zwar nach wie vor vom Licht abhängig, die Aussaat-zeiten sind jedoch nicht mehr in dem Maße relevant, da selbst im Winter hier „mildes Klima" herrscht.

Permakultur-Tipp: Salatampel

Bernhard Gruber

Bestandteile

- Einwegkanister
- Kunststoffseil
- Eimer
- Bio-Pflanzenerde
- Saatgut

Bauanleitung

Kanister werden mit einem Tapetenmesser aufgeschnitten (siehe Skizze). In den Schraubverschluss und in den Boden der Kanister wird in einer Falllinie je ein Loch geschnitten bzw. gebohrt. Dieses Loch muss etwas größer sein, als das Kunststoffseil, das zum Aufhängen und Bewässern benötigt wird. Die fertigen Elemente werden entlang des Kunststoffseils aufgefädelt und verankert. Dies geschieht, indem man am jeweiligen Befestigungspunkt einen Knoten anbringt, am besten jeweils gleich nach dem Einfädeln in den Kanister unterhalb des ersten Loches. Nach Fertigstellung wird die Ampel entweder am Balkon oder am Fenster aufgehängt und mit einem darunter stehenden Eimer versehen, damit überflüssiges Gießwasser kontrolliert ablaufen kann. Zum Schluss werden die einzelnen Kanister mit Pflanzenerde befüllt und bepflanzt. Gegossen wird immer der oberste Teil der Ampel. Das Wasser fließt von alleine über das Seil von einem Behälter in den nächsten. ◗

Baseler Elfengärtchen: Permakulturbalkon auf 1,2 x 1,8 m

Bei diesem Projekt handelt es sich geradezu um einen Klassiker der urbanen Permakultur: in einer Stadtwohnung ohne Gartenanteil, aber mit einem kleinen Balkon. Was sich hier alles anpflanzen lässt, sollte allen Mut machen, es am eigenen Balkon doch auch einmal zu probieren.

Idee und Realisierung: Fabienne Frölich (45), Kommunikationstechnikerin für Theater, und Markus Pölz (36), Permakulturdesigner
Ort: Eisengasse, Basel, Schweiz
Projekt: Nutzpflanzen auf dem Balkon

Die Ausrichtung von Fabiennes Balkon ist nach Nordwest, es ist also mit wenig Sonne zu rechnen. Es gibt keine Möglichkeit, Regenwasser von den Fallrohren der Dachrinne abzuleiten und die Nachbarschaft wünscht „Aufgeräumtes", weshalb die Balkone der anderen Anwohner entsprechend „betonsteril" wirken. Eine Ungunstlage? Der entzückend gestaltete Permakulturbalkon von Fabienne Frölich ist über eine persönliche Liebesbeziehung zum Permakulturdesigner Markus Pölz entstanden, vermittelt durch das soziale Netzwerk Facebook. Wir sprachen mit beiden.

Markus, was ist dein Hintergrund und wie kamst du zur Permakultur?

Markus Pölz: „Das hat schon in meiner Kindheit angefangen. Ich bin in Gössl am Grundlsee groß geworden, das ist eine Ortschaft mit damals etwa 250 Einwohnern. Die Menschen haben sich seit jeher mit Gemüse und Bauholz selbst versorgt, es gab ein Sägewerk, eine Mühle und den

{ **Ausgangssituation** des Balkons }

{ **Blick** nach draußen }

Lebensmittelladen meiner Mutter, in dem die Erzeugnisse der direkten Umgebung verkauft wurden. Das war im Grunde schon immer Permakultur gewesen. Ich selbst kam 2002 beruflich zur Permakultur, nachdem ich im Leben viele verschiedene Jobs gemacht hatte. Damals wurde das nahegelegene Projekt Berta ins Leben gerufen und ich durfte an der Umsetzung und Begleitung mitarbeiten. (Anm.: Berta ist ein Projekt der Lebenshilfe Ausseerland. Es ist ein Feriendomizil für behinderte Menschen sowie deren Angehörige und bietet den Behinderten Beschäftigung in der Natur. Die Permakulturanlage wurde von Sepp Holzer unter Leitung von Roland Kalß konzipiert.) Dann machte ich noch Kurse bei Permakultur Austria und Permakultur im Alpenraum. Mit den Erfahrungen eines solchen Großprojektes habe ich an eigenen Vorhaben weitergearbeitet. Vor drei Jahren bin ich vom Land hier nach Basel gezogen und wollte halt schauen, was man in der Stadt permakulturell machen kann – es fing mit dem Balkon von Fabienne an, mittlerweile sind weitere Projekte dazugekommen, bei denen ich berate, ein alpiner Permakulturgarten auf der Schweibenalp und große Landwirtschaften funktionierender Biobetriebe. Die Biolandwirtschaft und die Demeterbetriebe stoßen mittlerweile auch an ihre Grenzen und was übrig bleibt, ist die Permakultur."

Und nun zu dir Fabienne – wie entstand dein Permakulturbalkon?

Fabienne Frölich: „Ich hatte ein Buch über Anastasia von Wladimir Megre gelesen. Das führte mich zur Permakultur. Ich absolvierte einen Kurs und über eine Permakulturseite auf Facebook

{ **Unterschiedlichste** Nutzpflanzen auf engstem Raum }

{ **Kräuter** in Balkonkistchen }

lernte ich Markus kennen. Ich hatte damals oft Probleme mit Migräne und als Markus meinen Balkon sah, meinte er, den sollten wir in einen Permakulturbalkon umbauen. Ich hatte da gar keine Erde, also mussten wir bei null anfangen und Kompost produzieren. Zuvor war es aber noch notwendig, einen Sichtschutz anzubringen, da die Schweizer Nachbarn nicht auf einen Puff (Anm.: Unordnung) blicken mögen."

Stichwortartig nun die Schritte zum Elfengarten in der Eisengasse:

● **Sichtschutz:** Weidenäste außerhalb der Stadt abschneiden, von Blättern befreien und wie auf dem Foto waagerecht zwischen die Stahlstäbe flechten, es entstand gleichzeitig ein Windschutz.

● **Erde:** Ein nicht mehr verwendetes Behältnis (in diesem Fall ein alter Korb) wurde mit Karton ausgelegt, dazu grobes Häckselmaterial, Reste der Weiden, Kehrricht, Staubsaugerinhalt (Katzenhaare), alte Erde vertrockneter Blumen-

töpfe, Laub, Küchenabfälle, Heu und zuletzt ein paar Würmer. Nach wenigen Monaten konnte hervorragende Komposterde geerntet werden.

● **Balkonboden:** Zwei Varianten wurden ausprobiert, zunächst wurde der Boden mit Waldlaub ausgelegt, später mit Kieselsteinen. Hierdurch ergibt sich eine besondere Atmosphäre und ein haptisches Erlebnis, wenn man barfuß auf den Balkon geht.

● **Pflanzgefäße:** gewöhnliche Blumentöpfe, die in eigens gebaute „Balkonkistchen" gesetzt wurden. Damit konnten die Töpfe auf dem Balkongeländer platziert werden, ohne die Infrastruktur zu beschädigen.

● **Bewässerung** bei längerer Abwesenheit: mit der umgedreht in den Topf gesteckten Plastikflasche, die zuvor mit Wasser gefüllt worden war. Alternativen sind kommerzielle Tropfbewässerungssysteme oder das Zweckentfremden von Infusionsflaschen und -besteck aus dem medizinischen Bereich.

{ Pflanzgemeinschaften }

Orientierung

„Ich glaube, dass wir eine andere Art unseres Denkens brauchen, in der wir nicht darauf drängen müssen, alles erklären zu können. Wir müssen auf das Ganze gucken! Das bedeutet, dass ich nicht erst alles in Teile zerlege und es dann wieder zusammenbastle. Stattdessen suche ich nach einer Orientierung, die nicht an das Zerlegen gebunden ist." (Hans-Peter Dürr, Quantenphysiker und Friedensnobelpreisträger, in einem Interview mit Geseko von Lüpke, veröffentlicht unter „Das Lebendige ist nicht erklärbar" in der Zeitschrift Oya – anders denken,. anders leben, Nov/Dez 2011)

● **Pflanzung:** hauptsächlich Halbschatten liebende Kräuter und Gemüse, das Ziehen von Kartoffeln wurde versucht, wegen der geringen Sonneneinstrahlung war das aber nicht sehr erfolgreich (die Kartoffeln blieben sehr klein). Zur Auswahl standen:
  ● Brunnenkresse (Nasturtium officinale)
  ● Eisenkraut (Verbena officinalis)
  ● Frauenbalsam (Tanacetum balsamita)
  ● Knollenziest (Stachys sieboldii)
  ● Kresse (Lepidium sativum)
  ● Liebstöckel (Levisticum officinale)
  ● Löffelkraut (Cochlearia officinalis)
  ● Mangold (Beta vulgaris ssp. vulgaris)
  ● Neuseeländer Spinat
    (Tetragonia tetragonioides)
  ● Petersilie (Petroselinum crispum)
  ● Pfefferminze (Mentha piperita)
  ● Pflück- und Schnittsalate
    (Lactuca sativa L.)
  ● Portulak (Portulaca oleracea)
  ● Schwarzwurzeln (Scorzonera hispanica L.)
  ● Sellerie (Apium graveolens)
  ● Waldmeister (Galium odoratum)
  ● Winterheckenzwiebel (Allium fistulosum)

Die anderen Kräuter, die Fabienne Frölich sich wünschte, wie Basilikum, Salbei, Thymian, Rosmarin und Ysop, kamen auf die sonnige Fensterbank der Küche.

Markus Pölz: „Gut ist es, in einem Pflanzgefäß eine Mischkultur aufzubauen, z.B. Bärlauch, Walderdbeeren, Schlangenknoblauch, Kapuzinerkresse und Winterportulak, die passen gut zusammen und bieten einem von April bis Oktober was zu essen; wenn eines abstirbt, kommt das Nächste." (www.permakultur-design.com)

Fabiennes Permakultur wäre unvollständig, wenn wir nicht auch noch ihre Shiitake-Pilzkultur auf Buchenholz, ein Insektenhotel und einen Kräutertrockner aus Resten der Weidenäste nennen würden. Es war beeindruckend zu erleben, was aus solch einer kleinen Fläche gemacht werden kann.

Fabienne: „Das Schönste ist, wenn du dein eigenes Gemüse essen kannst – die kleinen Kartoffeln, das waren Designerkartoffeln, die waren lecker und ich ‚stolz wie Oscar'!"

Permakultur-Tipp: Bypassverfahren nach Holzer

Sepp Holzer

Das sogenannte Bypasssytem nach Sepp Holzer bietet eine Möglichkeit, an Hauswänden mehrstöckiger Gebäude eine einfache vertikale Bepflanzung anzulegen.

Bypassverfahren „Rankpflanzen"

Rankpflanzen wie Wein, Kiwi oder Hopfen werden von Balkon zu Balkon und von Fenster zu Fenster aufwärtsgeführt. Bei jeder „Partei" wird der rankende Zweig durch ein Pflanzgefäß mit Erdreich geleitet. Hier kann er (gemeinschaftlich) gegossen und gedüngt werden, die Früchte von jedem beerntet werden. Ist eine Partei in Urlaub, übernehmen die anderen das Gießen von ihrem Zugang aus.

Bypassverfahren „Vliesschlauch"

Als „künstliche" Rankpflanze kann auch ein erdbefüllter Schlauch dienen, der an der Hauswand wie eine Schlange hochgeleitet wird. Damit die Fassade keinen Schaden erleidet, wirkt ein befestigtes Brett oder eine Folie an jenen Stellen schützend, wo der Schlauch Wandkontakt hat. In vorgesehenen Schlitzen im Vlies werden Salat und anderes Gemüse gepflanzt (gesät). In Anlehnung an Hundertwassers Fensterrecht kann jeder Balkon- bzw. Fenstereigner seine Anpflanzung selber gestalten, pflegen und frisches Gemüse ernten.

Vorgehensweise

Lange Bahnen von Bauvlies zusammennähen, entweder mit Draht oder unverrottbarer Kunststoffschnur. Den Schlauch mit nährstoffreicher Erde befüllen, an der Fassade befestigen, mit Pflanzlöchern versehen und ... bepflanzen. ●

Qualitätshonig vom Dach der Wiener Staatsoper

Die Biene ist das drittwichtigste Nutztier, denn sie sorgt für 80 % der Bestäubung aller Blüten. Ohne Bestäubung keine Befruchtung und ohne Befruchtung keine Frucht – also kein Gemüse, kein Obst, keine Beeren, keine Kräuter.

Idee: Heidrun Singer und Friedrich Haselsteiner
Ort: Dach der Wiener Staatsoper und des Wiener Burgtheaters
Projekt: Bienen in der Stadt, seit 2010

Heidrun Singer und Friedrich Haselsteiner von der Interessengemeinschaft der Plattform Imkerinnen Österreich (www.imkerinnen.at) und der Bienenfreunde® (www.bienenfreunde.at) hatten die Idee einer Kooperation mit der Bundestheaterholding für das Installieren eines Bienenvolkes auf dem Dach der Wiener Staatsoper. Die Verantwortlichen willigten ein und im Frühjahr 2010 wurden die ersten Bienenbeuten – so heißen die Kästen, in denen die Bienen leben – aufgestellt.

25.5.2010: Zu Beginn wurde in Wien zunächst ein Bienenvolk eingebürgert und per Webcam mit Argusaugen von der ganzen Welt beobachtet (www.bienenfreunde/livecam), die Webseite hatte bis zu 6.000 Zugriffe pro Tag.

Folgende Fragen stellten sich im urbanen Bereich:
● Gibt es genügend Blüten als Nahrungsgrundlage für das Bienenvolk?
● Wie ist die Qualität eines Honigs aus dem Zentrum einer Großstadt?

Bienen sollten in einem Flugradius von ca. 500 Metern ihre Blüten anfliegen können, damit sich der Nektareintrag lohnt. Bei möglichen Flugdistanzen von bis zu 3 Kilometern Entfernung vom Bienenstock wird das gesamte Sammelgut für die Rückflugenergie benötigt.

Das Resultat auf der Wiener Staatsoper war beeindruckend. Im ersten Jahr wurde dem Volk nur der Honigüberschuss entnommen, und das waren bereits 30 Kilogramm. In der zweiten Saison war der Ertrag 170 Kilogramm bei mittlerweile zwei Völkern. Was sich für die Staatsoperbienen als großer Vorteil herausstellte, war, dass in den angrenzenden Parkanlagen ständig blühende Pflanzen zu finden sind. Sogar im Herbst gibt es viele Blüten (z.B. Erikablüten). Dadurch können die Bienen über eine lange Zeit im Jahr Honig produzieren und mit den Vorräten überwintern.

Mittlerweile gibt es einen zweiten Standort: am Dach des Wiener Burgtheaters. Hier wurden 2011 40 Kilogramm Honig geerntet. Der Honig unterscheidet sich sogar im Geschmack (zu Fuß nur 1,3 Kilometer von einander entfernt) gegenüber dem Staatsopernhonig, sonnig-klar versus goldig-rund.

Die Imkerin Frau Heidrun Singer im Gespräch: „Der Honig der Wiener Staatsoper wurde bestens untersucht und hat ob seiner Qualität das Qualitätszertifikat Österreichisches Honig-Gütesiegel erhalten."

München folgte dem Beispiel: www.stadtimker.de.

Permakultur-Tipp: Wie werde ich Stadtimker?

Bienenhalter und somit Imker zu werden ist nicht schwer. Die wichtigste Voraussetzung zur Imkerei ist die Freude am Imkern und die Liebe zu den Bienen. Was viele abschreckt, ist das Risiko, von einer Biene gestochen zu werden. Bei richtigem Umgang mit diesen Insekten, einer sanften, optimal selektierten Königin, die den Charakter des Bienenvolkes bestimmt und entsprechender Imkerausrüstung kann man das Risiko jedoch gering halten. Auch langjährige Imker werden immer mal wieder gestochen, sie sind aber schon gewissermaßen immun, sodass ihnen ein Stich nicht viel ausmacht. Die Imkerei ist ein Hobby, das man neben der Arbeit und somit auch noch neben dem Berufsleben betreiben kann – auch ein bisschen Sport gehört dazu, denn ganz ohne körperliche Anstrengung – wer hätte das gedacht? – geht es auch nicht. Bei der Honigernte muss man mitunter ein Gewicht von 20 bis 30 Kilogramm heben.

Ist das Imkern in der Stadt gesetzlich geregelt?

Ja, z.B. muss in Wien der Mindestabstand zwischen Flugöffnung der Bienenbehausung und der Grundstückgrenze mindestens sieben Meter betragen. Demnach ist es in Wohnungen mit Balkon durchaus möglich, Bienen zu halten, da die Abstände bei mehrgeschossigen Häusern meist über sieben Meter betragen. In Deutschland regelt die Bienenseuchenverordnung die Anzeigepflicht eines neuen Bienenstandortes. Um sich über die jeweils gültigen gesetzlichen Regelungen zu informieren, empfiehlt sich eine Ausbildung, bei der Ihnen die grundsätzlichen Kenntnisse zur Imkerei von Profis vermittelt werden. Auch haben Sie später noch Ansprechpartner, falls Sie Rat benötigen oder eine Gerätschaft ausleihen möchten, die Sie selbst nicht besitzen. In den meisten Imkereivereinen und -verbänden werden Grundkurse angeboten, eine Übersicht der Verbände in Deutschland, Österreich und der Schweiz bieten www.honig-portal.de, www.deutscherimkerbund.de, www.imkerbund.at und www.bienenzuchtverein.ch.

Ein Ausblick

Imker sind meist freundliche Menschen und sehr erfreut, wenn Bieneninteressenten zu ihnen stoßen. Man kann mit großer Unterstützung rechnen und viele Neulinge werden in weiterer Folge von einem erfahrenen Paten betreut. ◆

Finanzieller Aufwand (Modellrechnung, ungefähre Preise)

Mindestens 3 Bienenvölker (empfohlen)	3 x 1–1,5 kg
Bienenwohnung = Beute (verschiedene Typen)	200–500 €
Honigschleuder mechanisch	300 €
Honigschleuder mit E-Motor	900 €
Abfülltopf	100 €
Hobbocks (Lagergefäße)	15 €/Stk.
Imker-Schutzbekleidung	200 €
Bienenkönigin	60–400 €
Bienen pro kg	ca. 40 €

Der Honigertrag ist immer wetter-, klima- und umweltabhängig (Standort, Nähe zur Trachtquelle) und wird von den Eigenschaften bzw. der Qualität der Königin sowie vom Können der Imker mitbestimmt.

Balkonoase in der Großstadt: Vom Betonofen zum essbaren Biotop

Balkone und Terrassen bieten weit mehr als nur frische Luft und ein bisschen Grün. Man muss nur wissen, wie. Auch sehr sonnenbeschienene Flächen können mit ein paar Tricks in essbare Gärten verwandelt werden.

Wohnungsmieter: berufstätiges Ehepaar
Ort: 3. Bezirk (Landstraße), Wien, Österreich
Projekt: Balkon- und Terrassenumgestaltung einer Wohnung, insgesamt 45 m² Fläche

Ausgangssituation

2003 hat das Ehepaar Stark die Wohnung bezogen. Ein wichtiges Entscheidungskriterium für das neue Zuhause waren zwei unterschiedlich große Außenflächen (Balkon und Terrasse), denn Frau Stark ist in einer Kleinstadt aufgewachsen, zog berufsbedingt in die Großstadt und wollte endlich wieder „ein wenig Grün um sich haben".

Erste Veränderungen

Auf den anfänglich kargen Betonflächen wurden dem Trend der Zeit entsprechend fast ausschließlich Zierhölzer in Pflanztrögen aufgestellt, womit sich die ersten Probleme ergaben: Die Nadelgewächse bekamen Blattläuse und haben im darauffolgenden Frühling eine regelrechte Wespeninvasion nach sich gezogen. (Wespen und Bienen ernähren sich von den zuckrigen Ausscheidungen der Blattläuse, genannt Honigtau, hieraus entsteht übrigens auch der „Bienen-Waldhonig".) Folglich wurde die Anzahl dieser Pflanzen reduziert und durch Wildgewürzpflan-

zen (z.B. Lavendel) ersetzt. Hierdurch konnte eine natürliche Abwehr gegen diverse lästige Insekten geschaffen werden. Ab 2008 änderten sich die Bedürfnisse des Ehepaars zunehmend in Richtung Selbstversorgung, sie begannen mit der Anpflanzung von Kräutern. Für ein beruhigendes, sanftes Plätschern stellte Herr Stark einen Feng-Shui-Zimmerbrunnen in der einen Ecke des Balkons auf. 2011 gediehen die Kräuter inzwischen wunderbar, die Zierpflanzen blühten unter hohem Pflegeaufwand einigermaßen, von einer umfangreicheren Selbstversorgung war das Ehepaar jedoch noch weit entfernt.

Permakulturansätze

Durch eine berufliche Freundschaft mit der Autorin Judith Anger fand eine Beratung zur Umstellung unter permakulturellen Aspekten an Balkon und Terrasse statt. Größte Problematik: Sonnenseitig und im Windschatten gelegen kam es auf dem Balkon zu stehender Hitze. Selbst für Kakteen konnte es hier zu heiß werden (Wärmestau).

- Der erste Ansatz bestand darin, Wasser nicht nur zum Bewässern der Pflanzen, sondern durch das Aufstellen weiterer Feng-Shui-Brunnen auch zum Befeuchten der Luft zu nutzen. Somit entsteht ein neues Mikroklima, von dem die Pflanzen, aber auch der Mensch profitiert.

{ **Ausgangssituation** }

{ **Rankhilfe,** vertikal und horizontal als „Torbogen", Hochbeete der Firma Kayserholz }

● Mit dem zweiten Ansatz sollte kurzfristig über speziell gefertigte Hochbeete mit Rankgerüsten eine zusätzliche vertikale Beschattung zur Balkonbrüstung hin erreicht werden. Langfristig sollen Wein und Kiwi über eine pergolaartige Gerüstkonstruktion auch von oben die Beschattung ergänzen.

Für den Beginn einer Selbstversorgung sind mittlerweile die Anbauflächen geschaffen und das Mikroklima wurde verbessert. Viele Beeren, Gemüse- und Kräutersorten können im kommenden Frühjahr gesät und gepflanzt werden.

● Der dritte Ansatz ist die Erzeugung von eigenem Humus (siehe Seite 142), was den Kreislauf „vom Abfall zum Produkt" schließt und eine Loslösung von der Abhängigkeit gedüngter wie behandelter Erden aus Bau- und Gartenbedarfmärkten ermöglicht.

Die oben beschriebene Situation einer unbefriedigend genutzten urbanen Fläche im privaten Bereich kann als typisch bezeichnet werden. Aus Sicht der

Permakultur ist die Schaffung eines geeigneten Mikroklimas durch Anpflanzungen auf mehreren Ebenen und durch Auswahl der geeigneten Pflanzen sinnvoll. Noch befriedigender wäre eine Lösung, bei der die Wasserumwälzung des Feng-Shui-Brunnens durch Solarstrom oder über Solarthermie ermöglicht wird und das Wasser möglichst aus Regenwasser stammt, das, vom Dach abgeleitet und in einem Behältnis aufbewahrt, eingespeist werden kann. Auch wäre es für Neubauten sinnvoll, wenn Gartenarchitekten eine geeignete Infrastruktur für einen „Heimanbaubetrieb" von vornherein in der achitektonischen Planung berücksichtigen würden, damit die Flächen nicht umständlich nach- und aufgerüstet werden müssen.

Als wir uns nach unserem Besuch bei Frau Stark verabschieden, klingelt es an der Tür. Sie erklärt mit zufriedenem Lächeln: „Da kommt mein Gießdienst, da wir morgen verreisen. Wir planen Urlaube immer gemeinsam mit den Nachbarn, sodass nie alle Parteien zur selben Zeit die Stadt verlassen. Die Versorgung der Pflanzen ist immer gewährleistet."

Permakultur-Tipp: Regensammler

Sepp Holzer

{ **Beispiel** eines „Regendiebs" der Firma Otto Graf GmbH, der auf einfache Weise selbst montiert werden kann, laut Herstellerangabe in 5 Minuten }

{ **Inklusive** Filter und Überlauffunktion. Unter www.graf-online.de sind weitere Systeme zur Regenwassernutzung angeboten, die in ihrer Bauweise auf Dachfläche, Fallrohrdurchmesser und Auffangbehälter abgestimmt sind. }

Die Verwendung von aufwändig aufbereitetem Trinkwasser aus städtischen Leitungen ist grundsätzlich nicht im Sinne der Permakultur. Deshalb empfehlen wir bei Niederschlägen Regenwasser zu sammeln, um gießen zu können, wenn das Wetter niederschlagsfrei ist.

Hierzu gibt es spezielle Vorrichtungen, Regendiebe oder Regenwassersammler genannt. Diese speziellen Zubehörteile leiten Regenwasser aus dem Fallrohr einer Dachrinne ab in ein Vorratsgefäß aus Kunststoff. Aus diesem kann dann Gießwasser entnommen werden. Da die Niederschlagsmenge das Fassungsvolumen des Vorratsgefäßes weit überschreiten kann, gibt es bei den Regendieben entweder ein Ventil, das dicht macht, wenn die Tonne voll ist, oder einen Überlauf an der Tonne selbst, der Überschusswasser wieder zurück in das Fallrohr leitet.

Wenngleich dieses Verfahren völlig legitim ist, sollten Sie das Vorhaben, am häuslichen Fallrohr etwas zu verändern, mit ihrem Vermieter oder Hauseigentümer zuvor absprechen und sich genehmigen lassen. Aus haftungsrechtlichen Gründen empfehlen wir, die Regendiebinstallation unbedingt vom Fachmann durchführen zu lassen. Dieser stellt auch sicher, dass ein Rückbau im gegebenen Falle problemlos möglich ist.

Ganz natürlich geht es auch: Sorgen Sie beim Anschaffen Ihrer Pflanzgefäße dafür, dass diese mit einer Untertasse versehen sind, die einen ausreichend hohen Rand hat, sodass sich dort genug Regenwasser aufstauen kann. Die wassergefüllte Untertasse wirkt als Wasserspeicher und kann auch eine einwöchige Abwesenheit in der Wohnung überbrücken helfen. ◗

360 m²: Wandlung vom Ziergarten zur Apotheke Natur

Es muss nicht immer Schlag auf Schlag gehen. Es dauert seine Zeit, bis man den eigenen Garten in einen Nutzgarten umgestaltet hat. Dafür ist die Belohnung umso größer: Essbares, Artenvielfalt und ein gutes Klima

Idee: Familie W.-Fellner aus Wien
Ort: Haus im 22. Wiener Gemeindebezirk mit 360 m² Gartenfläche, Österreich
Projekt: Umgestaltung des Ziergartens

Im Jahr 2005 besuchte das gartenbegeisterte Ehepaar erstmals eine Führung mit Sepp Holzer auf dem Krameterhof. Sehr inspiriert kehrten sie zurück und verwandelten den Garten durch entsprechende Blumen zunehmend in eine Bienenweide; reine Zierpflanzen wurden sukzessive durch Pflanzen ersetzt, die nutzbar sind. Ein Teich sorgte für ein verändertes Mikroklima. Nachdem sie den Krameterhof weitere Male besucht haben, möchten sie, dass die vor Jahren gesetzte, mittlerweile dichte Thujenhecke sukzessive gegen „essbare" Heckenpflanzen ausgetauscht wird. Auch haben schon einige Nachbarn inzwischen ihre Gartenarbeiten von Unkrautvernichtung auf Unkrautverwertung umgestellt.

Heilsames aus dem eigenen Garten
Die Spezialität von Frau W.-Fellner ist das Kultivieren und Weiterverarbeiten von Blumen (z.B. Ringelblumen) und Kräutern (z.B. Kamille, Spitzwegerich) zu ätherischen Ölen, kosmetischen Produkten (z.B. Seife) sowie Hausmitteln (z.B. Salben und Hustensirup) oder zum Herstellen von Essig und Likör. (Tipps unter www.schnapsbrennen.at und www.destillatio.de oder www.destillatio.ch.)

Darüber hinaus hat sie Weintrauben, Kürbisgewächse, Salate, Beerensträucher, Tomatensorten angepflanzt; in Kübeln zieht sie Zitrone, Orange, Grapefruit und Kartoffeln. Interessant ist bei diesem Garten die enorme Vielfalt an Nutzpflanzen, was auch für Tiere und Insekten ein interessantes Biotop bedeutet – und auf den ersten Blick sieht der Garten trotzdem ganz „normal" aus. Man muss einfach genauer hinschauen! Außer Fleisch und Getreide können W.-Fellners sich alles andere mittlerweile aus dem Garten holen, sogar ihre Heilmittel – und ihr Kompost ist ihnen dabei Gold wert.

Permakultur-Tipp: Hochbeetvarianten

{ **Hochbeet** nach Bernhard Gruber }

{ **Hochbeetprototyp** auf dem Hahnhof }

{ **Dieser** Blechkragen wurde auf einer Abkantbank am Hahnhof hergestellt – Beratung und Bezug über www.hahnhof.info. }

Hochbeete haben mehrere Vorteile:

- Bequeme Arbeitshöhe, gegebenenfalls behindertengerecht
- Verbesserter Schutz vor Schnecken, insbesondere bei Anbringung von „Schneckenkrägen"
- Verbesserter Schutz vor Wühlmäusen und Maulwürfen bei fehlendem Bodenkontakt oder bei Abdichtung zum Boden mittels Kaninchengitter
- Möglichkeit zum mehrschichtigen Aufbau, von unten nach oben: Äste und Schnittgut, kompostierbares Material, Muttererde
- Größere Speichermöglichkeit für Feuchtigkeit und Wärme

- Je nach Ausführung auch Transportierbarkeit
- Bei chemisch belastetem Untergrund kann man auf den betroffenen Flächen mitunter trotzdem anbauen und ernten.

Wir präsentieren nachfolgend fünf Varianten.

Terrassenbeete von Kayserholz: Die Noblen unter den Hochbeeten

Eine schicke Möglichkeit für Hochbeete, außen wie innen. Die Pflanztröge bestehen aus 5 cm breiten massiven Lärchenholzbalken, die an den Ecken über ästhetische Schwalbenschwanzzinken verbunden sind. Das Holz stammt ausschließlich aus österreichischen und

bayerischen Forstbetrieben. Die Tröge sind mit naturfreundlicher Kautschukfolie ausgekleidet. Die Firma Kayserholz bietet von Beratung über Maßanfertigung bis Lieferung und Montage einen Komplettservice; auf Wunsch gibt es auch permakulturelle Bepflanzungs-

tipps von Ursula Resch. Infos unter www.kayserholz.at oder www.kayserholz.de.

Balkenhochbeet mit Schneckenschutzkragen aus Zinkblech

Dieses Modell können Sie selber nach Maß dimensionieren und bauen. Die Holzverbindung erfolgt durch Zimmermannsnägel oder Holzzapfen. Das Schneckenschutz-Zinkblech kann vom Schlosser maßgefertigt werden, es gibt auch fertig gefalzte Bleche im Internet zu kaufen Die Blechprofile werden innen in das Beet eingeschraubt oder mit verzinkten Nägeln angebracht. Vorsicht: keine ausrangierten Schienenschwellen aus Holz verwenden, da diese wegen der giftigen Imprägnierung Sondermüll sind! Mehr Informationen über Georg Hahn, Sensenlehrer, kreativer Biobauer und Permakulturist aus Holzkirchen-Großhartpenning bei München: www.hahnhof.info.

Hochbeete aus IBC-Wasserbehältern

(Intermediate Bulk Container) Diese Hochbeetvariante ist bedingt mobil (mit Gabelstapler). Die Oberseite des Behälters wird aufgeschnitten. Ein Umkrempeln überstehenden Kunststoffes durch Hitzeein

wirkung erzeugt eine Schneckenbarriere (siehe Abbildung). Das etwas technische Aussehen des Tanks kann durch Beranken verschönert werden. Neu kosten diese Tanks zwischen € 75 und € 250, je nach Ausführung und Transportkosten. Gebraucht sind solche Tanks unter € 50 erhältlich – allerdings sollten Sie sich vergewissern, dass in diesen Behältnissen keine giftigen Flüssigkeiten aufbewahrt wurden! Der Ablaufhahn im unteren Bereich dient der Entwässerung.

Big-Bag-Hochbeet mit Rankhilfe

Die Big Bags sind extrem reißfeste Kunststoffgewebesäcke, die zum Transport von

Kies oder Steinen (unter anderem im Gartenbaubereich) verwendet werden (Big-Bag-Stein, 90 x 90 x 90, ca. € 10). Fragen Sie im Gartenbauhandel oder bei einem Gärtner an, hier fallen diese Säcke oft in großen Mengen an und werden weggeworfen. Der eingesetzte (tote) Baumstamm dient der Stabilisierung mittels Drähten, die wiederum zusammen mit Stamm und Ästen als Rankhilfe dienen. Auf eine Europalette gesetzt, ist dieses Modell grundsätzlich auch mit einem Gabelstapler transportierbar.

Weitere Hochbeetvarianten finden Sie auf Seite 68 (Müllbeet/ Kegelbeet) und Seite 75 ((K)einkaufswagen). ◆

Autarkiemodell: Wenn Eltern ihre Kinder vor Gen-Food schützen wollen

The Urban Homestead – das ist eine Cityfarm der Sonderklasse. Was hier im kalifornischen Pasadena möglich gemacht wird, grenzt an ein Wunder und zeigt zugleich eindrücklich, dass die Selbstversorgung in der Stadt keine Utopie ist.

Idee: Jules Dervaes
Ort: Frei stehendes Privathaus in einem Wohngebiet unweit von Los Angeles und einen Steinwurf entfernt von einem Autobahnkreuz, Cypress Ave, Pasadena, Kalifornien, USA
Projekt: Urbaner Bauernhof (Urban Homestead) auf 800 m² Grund mit 400 m² Gartenfläche

Jules Dervaes, der Familienvater und Begründer, ist ein ehemaliger Hippie – „und jetzt ist er hip", so erzählt seine jüngste Tochter Jordanne. Er experimentierte erstmals als Selbstversorger und Imker in Neuseeland Anfang der 1970er Jahre. 1975 kehrte er in die USA zurück, lebte zunächst in Tampa, Florida, bis die Familie 1984 nach Pasadena umzog und dort das jetzige Anwesen erwarb. Er arbeitete als Rasenpfleger, Hobbygärtner und Imker sowie im Lederkunsthandwerk, später studierte er noch Theologie.

In den 1990er Jahren kamen Dürreperioden und die Preise für Wasser stiegen in Kalifornien steil an. Jules Dervaes führte sich vor Augen, dass der Erhalt eines Rasens, wie überall und allgemein üblich, ein völlig unnötiger Luxus war. Ihre Rasenfläche wurde konsequent mit 15 cm Rindenmulch abgedeckt und in kultivierbare Beete umgewandelt, auf der die Familie begann, kleine Mengen Gemüse zu ziehen. Als im Jahr 2000 gentechnisch veränderte Lebensmittel in die Nahrungsmittelkette geschleust wurden und unkontrolliert auf dem Esstisch landeten, änderte die Familie Dervaes ihren Lebensstil noch mal radikal. Es ging ihnen darum, keine sogenannten GMOs (genetically modified organisms; genetisch veränderte Organismen) zu essen. Das Ziel war außerdem, eine weitestgehende Lebensmittel-, Energie- und Mobilitäts-Autarkie zu erreichen. Sie intensivierten den Gemüseanbau unter Nutzung jeglicher verfügbarer Fläche (Gehsteig, Garagenauffahrt, Vorgarten und Garten) und pflanzten auf mehreren Ebenen, auch in die Vertikale gehend. Mittlerweile verdingen sich Jules und drei seiner Kinder – Anaïs (37), Justin (33) und Jodanne (28) – Vollzeit auf der Cityfarm. Die Erlöse aus dem Verkauf von Überschüssen geben sie u.a. für den Zukauf von Mehl, Reis, Zucker, Bohnen und … Schokolade aus. Sie halten Hühner, Enten und Ziegen für die Produktion von Eiern, Milch und Hofdünger. Ihren Pick-up betreiben sie mit Biodiesel aus eigener Herstellung in der Garage, das Pflanzenöl stammt aus den Restaurants, welche ihre Gartenprodukte kaufen.

{ **Die** Dervaes-Kinder bei ihrem Einzug in das Haus in den 1980er Jahren – Vorgarten und Garten bestanden aus Rasenflächen. }

{ **Komplette** Umgestaltung der freien Flächen zum Anbau von Nutzpflanzen für Mensch, Tier und Insekten }

Wir sprachen mit Jules Dervaes:

Jules Dervaes: „Was die ökologischen Probleme auf dieser Welt betrifft, ist mir klar: Die Politiker können nichts ändern und die Konzerne werden nichts ändern. Deshalb müssen wir es tun, auch müssen wir das Ernährungsproblem lösen – das wusste ich bereits früh. Wenn du nämlich lernst, deine eigene Nahrung anzubauen, ist das ein großes Stück Selbstbestimmung. Ich bin davon überzeugt, dass das Anpflanzen eigener Lebensmittel eine der gefährlichsten Betätigungen auf dieser Erde ist, denn du läufst Gefahr, dass du dich befreist! Für uns ist das Urban Homesteading eine Lebensweise, ein Way of Life. Als wir damit anfingen, war das als solches so gut wie einzigartig. Natürlich gab es in Städten schon immer Leute, die Hühner im Hinterhof gehalten haben, aber das, was wir hier machten, als Way of Life zu bezeichnen, das war, als wir 2001 hier loslegten, wohl noch neu. Für mich ist ein urbaner Bauernhof etwas, das sich ständig weiterentwickelt.

Dabei gelten für mich 10 ökologische Grundsätze:

1. Produziere deine Nahrungsmittel auf deinem Grundstück.
2. Verwende erneuerbare Energien und reduziere deinen Stromverbrauch.
3. Verwende alternative Treibstoffe und/oder Transportmittel.
4. Halte Tiere, um Dung und Nahrungsmittel zu gewinnen.
5. Vermindere die Müllmenge durch Kompostierung und Wiederverwertung.
6. Verwende Grauwasser weiter und speichere Regenwasser.
7. Lebe in einfacher Weise: Kochen, Einmachen, Handarbeiten, …
8. Mach es selbst: Reparaturen und einfache Konstruktionen
9. Arbeite und wirtschafte zu Hause und von zu Hause aus.
10. Sei deinen Mitmenschen ein guter Nachbar und nicht ein guter Geschäftsmann.

{ **Garten** }

{ **Lehmofen** }

Nach welchem Modell arbeiten Sie in Ihrem Nutzgarten?

Jules Dervaes: Im Grunde habe ich das Modell meines Vaters kopiert: Er hatte keinen Quadratzoll Rasenfläche, es war allerdings ein reiner Ziergarten. Ich kann mich als Kind erinnern, dass alles zugewachsen und überall Pflanzen waren. Der Garten war wie ein Urwald, einfach natürlich, und mein Vater verwendete keine Chemikalien. Ich habe das auf Gemüse und Obstbäume übertragen, nachdem ich einige Bücher gelesen hatte. Der Rest verlief nach dem Prinzip von Versuch und Irrtum.

Und was sagten Ihre Nachbarn zu alledem?

Jules Dervaes: Am Anfang war ich natürlich für die Leute ein komischer Vogel. Die Menschen hier in Kalifornien sind Rasenfetischisten, sie brauchen den schönen Anblick einer Rasenfläche. Niemand hat verstanden, was ich mache – mir selber war das manchmal auch nicht ganz klar, denn ich hatte in Florida unter anderen klimatischen Bedingungen gelebt. Hier in Kalifornien hatte ich zudem ein wesentlich kleineres Grundstück, etwa ein 20stel. Die Nachbarskinder kamen zu Besuch und fragten meine oft, was denn mit ihrem Vater los sei, ob der wohl nicht ganz richtig ticke. Mittlerweile ist der Garten sehr gut organisiert. Von der Stadt Pasa-

dena haben wir Preise verliehen bekommen. Um uns herum haben die Nachbarn begonnen, ihre Rasenflächen durch einheimische Pflanzen oder gar Gemüse zu ersetzen, um Wasser zu sparen. Rasen gehört nicht in eine Halbwüste wie diese hier. Letztes Jahr hatten wir wieder eine Dürreperiode und die Stadtverwaltung bezahlt nun sogar Geld dafür, dass die Leute ihren Rasen entfernen, um etwas Passenderes anzupflanzen. Die Dinge ändern sich also, es geht nicht mehr ums Aussehen, sondern ums Überleben, um das Einsparen von Ressourcen, Wasser.

Und wo kommt das Wasser für den Garten her?

Jules Dervaes: Das ist die größte Herausforderung; wir bekommen entweder zu viel oder zu wenig Regen, es ist sehr instabil, wir brauchen mehr Regen. Daher pflanzen wir in einer wassersparenden Weise an. Unsere ganze Kultur in dieser Stadt baut auf Wasserimporten auf, wir haben hier nicht genug Wasser für all die Menschen, es kommt vom Colorado-River, hunderte von Meilen entfernt von hier. Das wird uns zukünftig in Schwierigkeiten bringen.

Insofern sind wir auf dem Bauernhof noch vom Wasserhahn abhängig, wir haben keinen Brunnen und wir haben zu wenig Regen. Daher brauchen wir das Stadtwasser, aber jedes Jahr kom-

{ **Essbare** Blüten der Kapuzinerkresse   }

paktieren wir die Anpflanzungen, sodass wir den Wasserverbrauch verringern können, wir haben hier eine Art Wald aufgebaut, das spart Wasser.

Was passiert mit dem Wasser, wenn es regnet?
Jules Dervaes: Viele Leute hier haben Angst vor stehendem Regenwasser, deshalb wollen sie, dass das Wasser so schnell wie möglich von ihrem Grundstück abfließt; Garagenzufahrten werden abschüssig gebaut, alles wird auf die Straße geleitet, dann über die Straßenkanalisation in den Pazifik. Aber wir wollen das Wasser behalten. Deshalb haben wir die betonierten Flächen entfernt und dafür gesorgt, dass sämtliches Wasser, das auf dieses Grundstück fällt, auch hier bleibt. Früher war das Grundstück abschüssig und das abfließende Wasser trug meinen Humus und meinen Dünger ab. Ich wusste, dass wir das verhindern mussten. Da das Haus alt ist, haben

wir nicht genug Möglichkeiten, Wasser aufzufangen, also bemühen wir uns, dass wir wenig verbrauchen.

Ich nehme an, Sie verwenden keine chemischen Dünger.
Jules Dervaes: Als wir begannen, haben wir in Baumschulen organisches Material in Kunststoffsäcken gekauft. Nachdem wir jedoch immer mehr eigene Abfälle hier erzeugen, auch durch den Dung von Hühnern, Enten und Ziegen, kehrt es sich jetzt um: Wir haben nicht mehr genug Platz, wir wissen nicht, was wir mit all den Abfällen machen sollen. Wir sind in einem Kreislauf; das, was sich zersetzt, ist Nahrung für das Gemüse im nächsten Jahr. Es ist noch verbesserbar, aber es ist sehr befriedigend, dass alles hier produziert werden kann, dass wir autark sind und zu Hause bleiben können.

{ **Solarofen** zum Kochen }

Ernte in Kilogramm pro Jahr
- **2001:**
  1.043 kg Gemüse und Obst
  (Beginn des Gartens)
- **2010:**
  3.188 kg Gemüse und Obst, 1.013 Eier
  (Enten, Hühner), 60 kg Honig
- **Ø in 10 Jahren:**
  2.278 kg Gemüse und Obst/Jahr

Über 400 verschiedene Sorten Gemüse, Kräuter, Obst und Beeren – 60 % der Ernte essen sie selbst (4-Personen-Haushalt), 30 % werden verkauft, 10 % werden an die Tiere verfüttert. Die Verkaufsware geht an Restaurants, Caterer und Privatpersonen, hauptsächlich Biogemüse und -obst sowie essbare Blüten; 2010 erzielten sie hiermit einen Umsatz von US$ 20.000.

Energieeerzeugung: in etwa 8 Jahren insgesamt 14.500 kWh Solarenergie; in etwa 7 Jahren 8.000 Liter Biodiesel aus altem Speiseöl.

Wasserverbrauch für das Anwesen:
- **2004:** knapp 4.000 Liter pro Tag
- **2009:** knapp 2.000 Liter pro Tag

90 % davon gehen in die Lebensmittelproduktion, 2004 erstmals dokumentiert. Eine Reduktion um die Hälfte in fünf Jahren konnte im Wesentlichen durch eine Mischkultur auf verschiedenen Ebenen (Beschattung auf der darunterliegenden Ebene) und sehr dichte Bepflanzung erreicht werden, sodass wenig Wasser verdunstet (Mikroklimaerzeugung).

Mittlerweile hat die Familie Dervaes einen 15-minütigen Dokumentarfilm produziert und präsentiert ihren urbanen Bauernhof auf Ökomessen und anderen Veranstaltungen. Sie bieten Schulungen, Hofführungen und Beratungen an und schufen sich somit neben dem Hofladen eine zweite Einkommensmöglichkeit. Die drei Kinder von Jules haben alle ihre Schwerpunkte: Justin ist „der Techniker" und „pflanzensüchtig", er bepflanzt jeden freien Flecken Erde; Anaïs verarbeitet die Ernte in der Küche und liebt Handarbeiten wie Basteln und Stricken; Jordanne ist der Computerfreak der Familie, die Homestead-Webseite ist größtenteils ihr Werk. Darüber hinaus gilt sie als „Tierflüsterer" und versorgt die Tiere veterinärmedizinisch. Die Fähigkeiten hat sie sich selbst beigebracht, denn die städtischen Tierärzte haben keine Erfahrung mit Nutztieren und kosten zudem Geld.

Wir sind gespannt, ob sich unter konsequenterer Umsetzung von Aspekten der Permakultur die Erträge zukünftig weiter erhöhen lassen – bei gleichzeitig weniger Arbeit und Fremdressourceneinsatz.

Internet: www.urbanhomestead.org; youtube: Homegrown Revolution (Award-winning shortfilm 2009) – The Urban Homestead
Buchempfehlung: Meine kleine Cityfarm von Novella Carpenter, Verlag Bastei Lübbe, ein erfrischender, ehrlich geschriebener Tatsachenroman, passend zum Thema „Landwirtschaft in der Stadt".

Permakultur-Tipp: Hagebutten-Apfelmus-Marmelade

Bei dieser Marmeladenkomposition macht das Zubereiten der Hagebutten zwar viel Arbeit, die Marmelade ist aber eine Delikatesse!

Zutaten:
Frische Hagebutten
(auch wild wachsende Früchte)
- 1 Zitrone
- Gelierzucker
- Mindestens 1 kg saure Äpfel
- Einige Gewürznelken
- 2 Zimtstangen
- Obstler (Schnaps)

Hagebutten halbreif pflücken; in diesem Stadium kann man die Früchte leichter reinigen. Halbieren und Kernmasse entfernen, indem man mit einem Kaffeelöffel die noch harte Hagebutte ausschabt. Im Anschluss Äpfel schälen, vierteln und Kerngehäuse entnehmen. Gereinigte Apfelteile mit Zimtstangen, einigen Gewürznelken und einer unbehandelten Zitronenschale aufkochen.

Nach dem Weichkochen der Äpfel diese vom Herd nehmen, Gewürzteile entsorgen und Apfelkompott passieren. Halbierte Hagebuttenteile mit Gelierzucker aufkochen. Langsam Apfelmus beimengen. Einen Schuss Zitronensaft dazugeben und gemeinsam mit den Hagebuttenteilen so lange kochen, bis der Geliereffekt eintritt.

Test
Man nimmt eine kleine Portion der aufgekochten Früchte auf einen Löffel und lässt die Flüssigkeit auf einen Teller tropfen. Sobald diese beim Abkühlen geliert, ist die Marmelade fertig zum Abfüllen.

Abfüllen in kleine Einkochgläser, da die produzierte Marmelade eine wertvolle Delikatesse ist. Dazu die Gläser in kochendem Wasser reinigen, mit einem Löffel oder einem ähnlichen Instrument aus diesem Wasser entnehmen, ohne die Behälter mit den Fingern zu berühren (Sterilität!), so positionieren, dass man die Flüssigkeit problemlos einfüllen kann, einige Tropfen Obstler in den Deckel des Glases träufeln, Marmelade abfüllen und im heißen Zustand Gläser verschließen.

Hinweis
Sterilisierte Gläser auf einem ausgebreiteten Geschirrtuch abstellen, denn beim Abfüllen der flüssigen Früchte kann leicht etwas danebengehen. Gläser auskühlen lassen und dunkel lagern. Es empfiehlt sich, die Gläser mit dem Abfülldatum zu beschriften.

Verhältnis Hagebuttenmasse zu Apfelmus: 1/3 Hagebutte, 2/3 Apfelmus; bei reicher Hagebuttenernte umgekehrt: 2/3 Hagebutte, 1/3 Apfelmus. ◗

Mexiko: Chilis inmitten von Banden und Bandidos

Recycling muss mancherorts erst gelernt werden. Dass Müll etwas einbringen kann, lernen Schüler in der gewalttätigsten Stadt Mexikos und investieren den Erlös in einen gemeinschaftlichen Gemüsegarten.

Idee: Nadia Rodríguez und Freunde: Mirna Murillo, Juana Maria Lozano, Cesar Espino, Alter: zwischen 20 und 30
Ort: Deutsche Schule Torreón, Mexiko, 12 m² Vorgarten
Projekt: Alma Verde (Grüne Seele)

Das Projekt Alma Verde, das ehrenamtlich von zwei Soziologinnen und einem Ingenieur ins Leben gerufen wurde, stellt ein ergänzendes Lernangebot für eine Schule dar. Den Kindern werden von den zwei Soziologinnen Aspekte einer nachhaltigeren Lebensweise wie Recycling und Gartenbau zusammen mit Kunstgestaltung nahegebracht. Die Schule befindet sich in Torreón, einer Stadt mit über einer halben Million Einwohnern, die erst 1893 aufgrund des damals florierenden Baumwollanbaus gegründet wurde. Sie ist durch Bandenkriege der Drogenkartelle schwer belastet und gilt als „gewalttätigste Stadt" Mexikos.

{ **Das** durch Schulkinder gesammelte Recyclingmaterial wird für den Transport zur Annahmestelle sicher verschnürt. }

Das Prinzip Alma Verde

In Mexiko gibt es noch kein institutionalisiertes Recyclingsystem. Von der privatwirtschaftlichen Sammelstelle in Torreón wird das Material zudem ca. 1.000 km bis nach Mexiko-City gebracht, wo die Wiederverwertung erfolgt. Die Schulkinder sammelten leere PET-Flaschen, Aludosen und Altpapier, die an die Sammelstelle gebracht wurden. Mit dem Erlös kaufte man Saatgut sowie Gartengeräte und begann die von der Schule zur Verfügung gestellte Fläche mit den Kindern zu bepflanzen, mit mexikanischen Klassikern: Tomaten und Chilis. Die Zahlen beeindrucken: 2.764 kg Müll lieferten nach vier Monaten 5 kg Tomaten und 1 kg Chili. Ein kleiner Anfang – aber immerhin ein Beginn, der bei der jungen Generation das Bewusstsein für Kreisläufe geschärft hat und ... man redet in Torreón über die Initiative.

Nadia Rodríguez: „Wir beobachten, dass die Schulkinder im Zuge des Projektes Alma Verde durch den Kontakt mit der Natur eine ausgeprägtere Sensibilität und bessere Beziehungen zu ihren Mitschülern entwickeln, als dies im Klassenraum bisher üblich war. Gefühle der Angst und die Gewalttätigkeit haben sich verringert."

Im Sinne der Permakultur birgt das Projekt noch Potenzial – Stichworte: Mulchen zur Verringerung der Wasserverdunstung, Aufwertung der Muttererde durch Kompost, Auswahl von Pflanzen, die sich gegenseitig besser fördern, Wassermanagement (Auffangbehältnisse für den seltenen Regen).

Permakultur-Tipp: Saatbomben

Guerilla Gardeners

Anleitung eines anonymen Guerilla-Gärtners zur Herstellung von Saatbomben
Diese Erd-/Ton-/Samen-Kugeln können extrem günstig in sehr großer Anzahl produziert werden. Dank ihrer Wurffähigkeit kann man sie leicht in der Stadt verteilen, sogar über Mauern werfen. Für die Herstellung von Seed Bombs gibt es verschiedene Rezepte, hier eines davon:

Samen

- Sonnenblumensamen: günstig im Einkauf; Sonnenblumen wachsen schnell und sind imposant.
- Alle Arten von Wiesenblumen: Es gibt fertige Samenmischungen oder ihr habt Zugang zu getrocknetem Heu, das von einer blühenden Blumenwiese stammt.
- Und alles, was ihr in eurem Garten an Saatgut übrig habt oder was ihr gerne in einem Garten sehen möchtet!

„Kampfausrüstung" der Münchner Guerilla-Gärtner mit selbstgemachten Saatbomben

Wichtig ist, dass ihr biologisches Saatgut verwendet und wenig Geld ausgebt!

Lehm
Er hält die Feuchtigkeit lang genug, um ein Auskeimen der Saat zu fördern, und ist zudem fruchtbar. Am besten Lehm aus der regionalen Natur nutzen. Um sicherzustellen, dass die Qualität geeignet ist, teste, ob sich der Lehm mit etwas Wasser zwischen den Fingern kneten lässt.

Erde
lockere, wenig sandige Gartenerde

2 bis 3 Finger breite Streifen mit dem Ton formen, Erde mit Samen anreichern und Ton damit bestreuen, bei Bedarf Wasser hinzufügen, zweiten Tonstreifen drauflegen und hieraus Kugeln formen: innen die Erde und außen der Ton.

Seed Bombs überall verteilen, wo Ihr glaubt, die Saat könnte aufgehen. Wenn es das nächste Mal regnet, saugt sich der Ton mit Wasser voll und die Samen fangen an zu sprießen. Die Mischung aus Ton und Erde/Humus ergibt eine sehr gute Startkultur. Seid nicht allzu traurig, wenn nicht so viel aufgeht, wie erwartet. Haltet die Augen offen und ihr werdet an ungewöhnlichen Stellen in der Stadt immer wieder Sonnenblumen und Hanf sehen. ●

Israel: Von Krieg und Frieden im eigenen Haus

Jeder Gärtner erlebt immer wieder einen Rückschlag, sei es, weil Pflanzen nicht wunschgemäß gedeihen, sei es durch widrige Umstände. Wichtig ist, sich wie Noa Peled nicht entmutigen zu lassen und sein Vorhaben Schritt für Schritt umzusetzen.

Idee: Noa Peled, 36, Kinder- und Erwachse-
nenbildnerin in Musik, Permakultur u.v.m.
Planung und Ausführung: David Bichsel,
Permakulturist, Schweiz, und Noa Peled
Ort: Garten, Tel Aviv-Jaffa, Israel
Projekt: Permakultur-Gemeinschaftsgarten

Noa Peled hat eine Eigentumswohnung in Tel
Aviv. Zwei Gemeinschaftsgartenflächen gab es
am Haus, die wenig gepflegt wurden, da der
Haupteigentümer der Anlage kein Geld dafür
ausgeben wollte. 2008 entschloss sich Noa, die
Flächen in einen Gemüsegarten nach Permakultur umzugestalten. Die Planung der Anlage
führte ihr damaliger Lebensgefährte David Bichsel aus. Die Beete wurden mit Ziegelsteinen und
leeren Glasflaschen eingefriedet. Die Muttererde wurde mit Kompost und kompostierbarem
Material (Papier, Karton, Ästen) aufgewertet, die
Beete mit vertrockneten und klein geschnittenen
Palmenblättern gemulcht. Als der Miteigentümer ein Jahr später Teile des Gebäudes sanie-
ren ließ, ohne die Auswirkungen mit der Wohn-
gemeinschaft abzustimmen, wurden große Teile
des Permakulturgartens zerstört. Noa Peled hat
sich nicht entmutigen lassen und den kleineren
Garten mit etwa 20 m^2 und südlicher Ausrichtung eigenhändig wieder aufgebaut. Sie ist auch
bemüht, die Sachlage auf konstruktive Weise mit
dem Miteigentümer zu klären, und verschenkt
Teile der Ernte an alle Bewohner.

{ **Baumaterial** }

Obst und Gemüse im Alleingang
Die Permakulturistin sieht den Garten als
Gemeinschaftsprojekt, auch wenn sie es ist, die
am meisten darin arbeitet. Nachbarn, hauptsächlich aus anderen Häusern, helfen ihr und sind von
der Gartenpracht begeistert. Es gibt Obst: Gra-
natäpfel (dieses Jahr trug der Baum nach neun
Jahren zum ersten Mal Früchte!), Feigen, Weintrauben. An Gemüse und Feldfrüchten: Auberginen, Kartoffeln, Knoblauch, Kohlsorten, Paprika, Tomaten, Zucchini, Zwiebeln sowie diverse
Küchenkräuter.

{ **Fertiggestellte** Permakulturanlage }

{ **Garten** im Verlauf der ersten Vegetationsperiode }

Inzwischen kündigt sich eine neue Herausforderung an: Die Stadtverwaltung Tel Avivs möchte das Bewässern von Gärten wegen des Wassermangels verbieten – sinnvoll wäre, zwischen reinen Zier-gärten und Nutzgärten zu unterscheiden und die Bewässerung Letzterer zu erlauben. Ökologische Führungen durch Israel: www.tour.ecodoc.co.il, www.noa-peled.com

Permakultur-Tipp: Sonnenumlenkung

Sepp Holzer

Auf Balkonen oder in Gärten gibt es bepflanzbare Flächen, auf die leider ganztägig keine Sonne scheint, während eine angrenzende Wand stundenweise stark sonnenbeschienen ist. Für Halbschatten liebende Pflanzen ist das eine ideale Situation, um mittels Sonnenumlenkung „Licht ins Dunkel" zu bringen. Mit Spiegelfolie oder Alufolie kann man eine Lichtlenkung durchführen, wie in der Porträtfotografie zum Aufhellen von Gesichtern (siehe Abbildung). Die Folie wird auf einen Träger (wasserfestes Sperrholz o.Ä.) oder auf einen Rahmen gezogen und an entsprechender Stelle befestigt. Das Gebilde kann auch als Kunstwerk gestaltet werden, z.B. als Schmetterling oder Libelle, die mit ihren vier verschieden positionierten Flügeln die Sonne je nach Sonnenstand immer wieder auf die aufzuhellende Fläche leitet. Runde Ausformungen sind meist ästhetischer als quadratische oder rechteckige. Vorsicht mit konkaven, fokussierenden Spiegeln, da es durch den Brennglaseffekt zur Überhitzung und Brandgefahr kommen kann. ●

Pyramide, Gemüse, Schnecken & Enten: Permakultur mit Kindern

50 m² Garten – das ist nicht viel. Und dennoch lassen sich auch auf so kleinem Raum nutzbare Flächen schaffen, die nicht zuletzt den Kindern als Erlebniswelt dienen und ihnen die Natur und deren Kreislauf nahebringen.

Idee: Sandra und Johann Peham
Ort: Unterseling, Oberösterreich – Hof zum Haus, Gesamtfläche 50 m², gemietet
Projekt: Erlebnisprojekt für Kinder und Eltern nach dem Konzept Leben und Lernen als Freilerner: Selbstversorgung zu Hause

{ **Bau** des Pyramidenbeetes }

Das bisher brachliegende Areal wurde im Rahmen der Ausbildungsarbeit zum Permakulturpraktiker bei Sepp Holzer 2010 umgestaltet und gleichzeitig als Erlebnisprojekt für die eigenen Kinder Kilian, Jakob und Lion genutzt. Freilernen beinhaltet, dass die Kinder im häuslichen Umfeld lebensnah und kontextbezogen begleitet und so unterrichtet werden. Der Holzer-Schüler und Vater der Kinder Johann Peham (Spezialist für geophysikalische Messungen) hatte drei Elemente zur Strukturierung der Fläche geplant und umgesetzt, teilweise mithilfe eines kleinen Baggers:

- Pyramidenbeet mit Baumstämmen (geländebedingt Terrassierung nur auf drei Seiten) für Pflanzen, die es feuchter mögen
- Kräuter-/Gemüseberg aus Steinen konstruiert, dazwischen Erde für Pflanzen, die eher Trockenheit vertragen
- Wasserloch, mit Lehm abgedichtet

In den Beeten hatten die Kinder eigene Areale und durften mit Pflanzen experimentieren, ohne Ratschläge von Erwachsenen zu bekommen. Sie sollten selbst herausfinden, was die Erde oder die

Pflanze benötigt. Als Saatgut diente eine Gemüsemischsaat des Krameterhofes und Arche-Noah-Kräutersaatgut. Keiner wusste genau, was wachsen würde. Die pädagogische Betreuung der Kinder wurde von beiden Eltern getragen, insbesondere von der Mutter, die Kindergarten- und Hortpädagogin ist, mit Zusatzausbildung in Kinder- und Jugendmentaltraining sowie als Montessori-Pädagogin.

Erstaunliches und Erfreuliches
Durch das Mischsaatgut entstand eine beeindruckende Vielfalt an Pflanzen, immer wieder kamen

Mischsaat

Die Mischsaat enthielt: Buchweizen, Erbsen, Färberkamille, Karotten, Kleesorten, Kohlsorten, Mais, Paprika, Pfefferoni, Petersilie, Sonnenblumen, Tomaten, Wegwarte, Wildsalate, Zucchini; weitere Salat- und Arzneikräuter wurden separat gesät (z.B. Schnittlauch, Salbei, Pfefferminze). Aus Kompost selbst hergestellter Humus wurde als Düngung zur Muttererde hinzugefügt.

Das Beet ist fertig gemulcht, bepflanzt und eingesät.

neue Gemüsesorten überraschend zum Vorschein. Dies war für die Kinder besonders interessant, das anschließende Pflanzenbestimmen zudem lehrreich. Im Verlauf des Sommers kam es zu einer Schneckeninvasion – für die meisten Gärtner ein bekanntes Problem. Herr Peham kaufte zwei Laufenten, die gemeinsam Küken bekamen, und stellte das Wasserloch für die Tiere fertig. Die Schnecken wurden erfolgreich dezimiert, allerdings auch ein Teil des Gemüses durch die Enten selbst, da die Beete nicht eingezäunt waren. Als den Enten das Wasserloch zu klein wurde (sie flüchteten in den Swimmingpool des Nachbarn und verschmutzten das Wasser, was auf wenig Gegenliebe stieß), wurden die Enten zu guten Freunden übersiedelt. Die Kinder sowie ihre Eltern hatten dabei viel im Umgang mit der Natur, mit Tieren und Pflanzen gelernt.

Pädagogischer Effekt

Kinder lernen die Vielfalt der Natur kennen, ihre Beobachtungsgabe wird dabei geschärft. Durch das Einbehalten von Saatgut wird ihnen auch vor Augen geführt, wie aus einer vergleichsweise kleinen Menge Saatgut eine große Ernte entstehen kann. Das Gärtnern beinhaltet sehr viele Aspekte, die für Kinder jeden Alters in anschaulicher Weise pädagogisch genutzt werden können, im Sinne eines „lebendigen Biologieunterrichtes". Die Experimentierfreude wird gefördert, denn es geht nicht um ein „Falsch- oder Richtigmachen".

Die Enten helfen, die Schneckenplage einzudämmen.

Das Projekt hatte auch Auswirkungen auf die anderen Anwohner. Ein schwieriger Nachbar hatte die Aktivitäten bereits längere Zeit beobachtet und traute sich schließlich Frau Peham anzusprechen. Sie erklärte ihm die verschiedenen Pflanzen und was bereits geerntet wurde, woraufhin er sich begeistert zeigte. Pehams wunderten sich über das plötzliche Aufblühen der Person und schenkten dem Herrn frisch geerntetes Kraut zum Mit-nach-Hause-Nehmen.

Permakultur-Tipp: Salatbaum oder Erdbeerbaum

Bernhard Gruber

Bestandteile

- Polypropylen-Rohr Ø 25 cm, L 1 m
- Polypropylen-Rohr Ø 4 cm, L 1,1 m, gelocht, mit 4–6 mm großen Löchern
- Blumentopf Ø 60 cm, mit passendem Untersetzer
- Lehm
- Kies 16/32
- Humus
- Pflanzenerde

Bauanleitung

Das Rohr mit 25 cm Durchmesser mit Löchern versehen = Pflanzlöcher, siehe Skizze. Hierzu 50-mm-Lochbohrer auf der Bohrmaschine verwenden.

Blumentopf auf den Untersetzer stellen, das 25-cm-Rohr in den Blumentopf setzen. Zuerst unten mit verdichtetem Lehm fixieren. Hierauf kommt Humus und Muttererde rundherum in den Blumentopf. Nun das 4-cm-Rohr mittig in das breite Rohr setzen. Humus und Pflanzenerde gemischt in den äußeren Zwischenraum des Rohrs füllen. Das innere Rohr dient zum Bewässern und bleibt leer.

Hinweis

Verwurzelte Bewässerungsrohre gemäß dem unter „Müllbeet" beschriebenen Prinzip reinigen (siehe S. 68).

Bepflanzung

Das Rohr eignet sich am besten für das Ziehen von Salat, Kohl (Kraut), Erbsen und Bohnen, der Blumentopf für Zucchini, Tomaten, Rüben, Radieschen, Knoblauch, Kohlrabi, Kürbis, Zwiebeln, Erdbeeren oder Blumen. ●

Immigranten-Integrationsprojekt Traun

Interkulturelle Gärten sollen Menschen aus unterschiedlichen Kulturkreisen zusammenbringen und ihnen den Anbau von Nahrungsmitteln ermöglichen. In Traun hat sich ein solches Projekt nach anfänglichen Schwierigkeiten erfolgreich verselbstständigt.

Idee: Bernhard Gruber, Permakulturberater
Ort: Roithnerstraße 5, Traun,
Oberösterreich, Österreich
Projekt: Interkultureller Garten des
Sozialprojektes I-Punkt

Zur Person

Der in Neuhofen an der Krems lebende Bernhard Gruber ist auf einer Kleinstlandwirtschaft in Wels groß geworden. Der elterliche Betrieb wird seit Anfang der 1990er Jahre nach den Prinzipien der Permakultur bewirtschaftet. Schwerpunkt ist bei Vater Hans-Hermann Gruber der Waldgarten, daher konnte er auch bei seinem Sohn das Interesse für Permakultur wecken. Bernhard Gruber erhielt 2005 sein Permakulturzertifikat am Ökozentrum von Klosterneustift, Vahrn/Südtirol. Neben der Bewirtschaftung seines Wald-Wasser-Gartens unterstützt Gruber beratend und planend Schulgartenprojekte, interkulturelle Gärten, Gemeinschaftsgärten, Hausgärten, Biolandbaubetriebe, Projekte im Bereich der Entwicklungszusammenarbeit, Talentetauschkreise und Projekte um Frithjof Bergmanns Neue Arbeit.

Istzustand vor Projektstart

Der Hinterhofgarten der Roithnerbauten in Traun war in verwahrlostem Zustand: Spielplatz und Wäscheplatz, gleichzeitig „Toilette" und Abladeplatz für Müll und Sperrmüll. Flaschen werden

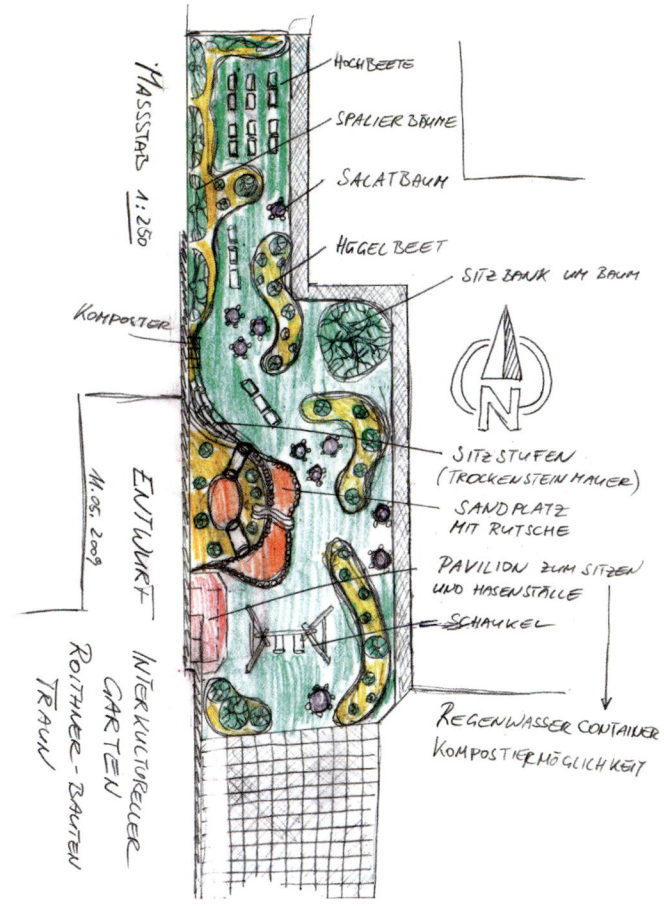

{ **Entwurfszeichnung** für die gemeinschaftliche Flächenneugestaltung }

{ **Kinder** helfen begeistert bei der Umgestaltung
der Fläche mit.

von Bewohnern in den Abend- bzw. Nachtstunden vom Balkon auf die Rasenfläche geworfen. In angrenzenden Lokalen ist es bereits mehrmals zu Auseinandersetzungen zwischen rivalisierenden Familien und Volksgruppen gekommen. Mehrere Polizeieinsätze waren in den letzten Monaten zur Beruhigung notwendig. Dieser Gebäudekomplex ist neben der Bahnhofstraße in Traun ein Brennpunkt in der Stadtentwicklung.

Erste Projektschritte

Der Großteil der ca. 150 Parteien wurde in einem Erstgespräch über ein mögliches Gemeinschaftsgartenprojekt informiert. Es folgte die Einladung zu einem Informationsabend in türkischer und serbokroatischer Sprache. Die Beteiligung der Bewohner war eher mäßig. Die vorausgegangene Befragung hatte gezeigt, dass ein Großteil der Anwohner eine positive Veränderung zwar wünscht, die Skepsis zur Machbarkeit jedoch sehr groß ist. Es gab zahlreiche Schuldzuweisungen zwischen den einzelnen Volksgruppen, es sollen

laut verschiedener Aussagen Kinder aus umliegenden Wohnblöcken an Vandalismus beteiligt gewesen sein. Viele Probleme liegen auch an der unzureichenden Reinigung durch die Hausverwaltung, zuvor waren die Mieter selbst verantwortlich. Es gab auch einen Hausmeister, der aber der vorherrschenden Situation nicht mehr gewachsen war.

Ziel aus der Sicht der Permakultur

Die Permakultur versteht sich als Planungskonzept für einen nachhaltigen Lebensstil. Am Modell eines Gemeinschaftsgartens sollten die verschiedenen Kulturen selbstbestimmt und als interkulturelle Gruppe einen Beitrag zu einem würdigeren Leben leisten können:

- **Gemeinschaft:** Lebensmittel produzieren, ernten, verarbeiten, Feste feiern und spielen
- **Kinder:** Einbindung in sinnvolle Arbeit, die Freude bereitet
- **Ästhetik und Ruhe:** schöner Garten, Lärmpegelsenkung

Der Stolz auf das Gemeinschaftswerk und die Freude daran steht den Kindern ins Gesicht geschrieben.

Geplante Maßnahmen

● **Hügelbeetlandschaft** mit einer extensiven Bepflanzung aus Säulenobstbäumen, Beerensträuchern, Haselnusssträuchern, Kräutern und essbaren Blühpflanzen

● **Spielgarten integrieren:** eine Sandfläche, Röhren zum Durchkriechen, Bäume und Baumstämme zum Balancieren, ein einfacher Sinnespfad. Die bereits vorhandene Rutsche kann in die Hügelbeetanlage einbezogen werden. Diese Hügelbeete können von der Allgemeinheit beerntet werden. Für interessierte Familien soll es zusätzlich die Möglichkeit geben, einjähriges Gemüse in Hochbeeten und Salattonnen zu ziehen. Hochbeete sind für diesen Zweck gut geeignet, da sie sich vom Boden abheben und kein Hund das Gemüse markieren kann.

● **Überdachter Sitzplatz:** Sichtschutz vor dem gegenüberliegenden Gebäudekomplex. Dieser Platz soll auch die Möglichkeit bieten, mehrere Hasen zu halten. Die Tiere werden mit dem Grünzeug der Hochbeete gefüttert. Kinder lernen, Verantwortung (für die Tiere) zu übernehmen. Den Mist der Hasen kann man genauso wie die Küchenabfälle über Kompostierung wieder in den Nahrungskreislauf eingliedern.

- **Wasser:** Da Trinkwasser zum Gießen der Gärten nicht verschwendet werden soll, könnte man von umliegenden Dachflächen Regenwasser in Container leiten.

- **Spalierobst** und fruchttragende **Rankgewächse** können an angrenzende, zu verschönernde Fassaden gepflanzt werden.

- **Nistkästen** und **Insektenhotels** zur Verbesserung der Biodiversität

Zielsetzung

Bernhard Gruber: „Schaffen wir es, wieder mehr Menschen in den Hof bzw. dann eben in den Garten zu bringen, sinkt der Vandalismus, denn es wird niemand etwas zerstören, was er zuvor liebevoll angelegt hat. Des Weiteren wird ein Beitrag zu einer gesunden Ernährung geleistet. Vor allem ist es auch wichtig, dass Eltern ihren Kindern das Arbeiten im Garten beibringen können. Durch gemeinsames Arbeiten im Garten von Jung und Alt soll die Sozialkompetenz gestärkt werden. Wie wir ersten Gesprächen mit den Bewohnern entnehmen konnten, wird es nicht einfach sein, diese zu motivieren, selbst für ihr eigenes Umfeld etwas zu tun. Diese Menschen sind schon viel zu sehr an unser System der totalen Animation angepasst: Selbstverantwortung abgeben und sich berieseln lassen, lieber ruhig sein und nicht auffallen! So starteten wir mit Unterstützung der Stadt Traun das Projekt mit den Kindern beider Wohnblöcke."

Realisierte Projektschritte
Überdachter Sitzplatz als Raum der Begegnung: „Eines unserer ersten Ziele war die Errichtung eines einfachen überdachten Sitzplatzes. Gemeinsam mit den Kindern wurden Fundamente ausgehoben und mit Beton gefüllt, die Holzkonstruktion gebaut. Das Dach wurde mit Sukkulenten wie Hauswurz bepflanzt, wobei die Kinder sehr viel Freude und Ausdauer bei der Arbeit bewiesen haben."

Hügel mit Beerensträuchern als Strukturelementen: „Um den kantigen Hinterhof optisch ansprechend zu strukturieren, legten wir geschwungene Hügel an, die wir im Herbst mit einem bunten Beerenmix bepflanzten. An Wänden setzten wir gleich verschiedene Obstbäume und auch Kletterpflanzen (Weintrauben und Kiwi). Nach dem Pflanzen wurde alles kräftig gemulcht. Im Frühjahr säten wir zusätzlich Kresse, Feldsalat, Kohlgemüse und Rettich ein."

Hochbeete für individuelle Nutzung: „Um die Beteiligung der Anwohner zu erhöhen, errichteten wir Hochbeete, für die einzelne Personen bzw. Familien selbst verantwortlich sein sollten. Die Beteiligten bepflanzten ihre Hochbeete mit Salaten, Paprika, Tomaten, Bohnen, Mais und Kürbis."

Verlauf und Schlussfolgerung

„In den ersten zwei Jahren erlebten wir verschiedene Rückschläge und skurrile Situationen. Nachdem irgendjemand angeblich eine große Schlange gesichtet hatte, fanden sich rasch einige türkische Frauen zu einer Rodungsaktion der gesamten Anlage zusammen. Alles, was man nicht kannte, wurde ausgerissen. Mit Stöcken versuchte man, die vermeintliche Schlange zu verjagen. Nachdem unser Konzept damit mehr oder weniger in Frage gestellt wurde, zogen wir uns aus dem Projekt zurück und stellten fest, dass sich dies letztendlich positiv auswirkte. Interessanterweise pflanzten nämlich die Anwohner nun in die kahlen Stellen Mais. Der Garten erstrahlte im Herbst erneut als grüne Oase in der Betonwüste, es beteiligten sich dabei nun mehr Erwachsene und die Hausgemeinschaft ging selbstorganisiert ans Werk!"

Der Verlauf des Projektes führt vor Augen, dass jede noch so gut gemeinte Idee von den Personen, die mit dem Ergebnis leben werden (in diesem Fall die Bewohner der Roithnerbauten) selbstbestimmt getragen werden soll – auch wenn der Garten schließlich anders aussieht, als die Initiatoren sich dies ursprünglich ausgedacht hatten.

Permakultur-Tipp:
Bodenlos kompostieren mit einer Wurmfarm

Bernhard Gruber

Eine „Wurmfarm" ist ein mehr schichtig kompostgefülltes Behältnis, das selbst auf kleinstem Raum die Möglichkeit bietet, Nährstoffe aus Küchenabfällen im System zu halten und so einen Teil des eigenen Bedarfs an nährstoffreicher Pflanzerde selbst zu decken. Organisches Material wird von Würmern zu hochwertigem Kompost umgesetzt. Es können auch zerkleinerte Eierschalen und bis zu 20 % Papier und Karton beigegeben werden. Rohes Fleisch und Zitrusfrüchte sind zu vermeiden und zu beachten ist, dass Würmer ihre Aktivitäten unter 5 °C einstellen. Man kann sich das System selbst bauen oder spezielle Starter-Kits zusammen mit den Würmern kaufen. Bodenlos heißt diese Form des Kompostierens, da es keinen direkten Kontakt zur Erde gibt – ideal für den Balkon oder die Terrasse.

Das Auffangbehältnis für den „Wurmtee" kommt zuunterst in die kastenförmige Konstruktion.

Der Wurmtee kann über ein Loch in der Wanne in das untere Auffangbehältnis fließen.

Würmer als Lebewesen

Im Gegensatz zur Kompostierung im Komposthaufen, wo eine „heiße Rotte" stattfindet, wird das organische Material von den Würmern kalt umgesetzt. Der aktivste Wurm einer Wurmfarm ist der Mist- oder Kompostwurm (Eisenia foetida). Würmer leben, um zu fressen. Sie haben fünf Herzen und atmen durch die Haut, verfügen über keinerlei Zähne, sondern einen Magen,

welcher kleine Steine enthält. Sie werden bis zu 15 Jahre alt. Wenn die Temperatur stimmt, vermehren sie sich sehr schnell und bekommen bis zu 200 Junge pro Jahr. Die Vermehrung wird eingestellt, wenn die Population zu hoch ist, zu wenig Futter vorhanden ist, wenn es zu heiß oder zu kalt wird.

Würmer fressen täglich eine Menge, die ihrem Körpergewicht entspricht, und wandeln unsere Abfälle rasch um in Wurmkot und Wurmtee (Flüssigkeit, die unten aufgesammelt wird). Sie enthält ein Konzentrat an Stickstoff, Phosphor und Kalium. Verwendet man den Wurmtee zum Düngen, sollte er 1:10 verdünnt werden. Eine Wurmfarm sollte vor Sonne, Wind und Regen geschützt sein. Am besten arbeiten Würmer bei einer Temperatur zwischen 10 und 30 °C. Sie mögen kein Licht. Öffnet man

das Behältnis, wird man feststellen, dass sie sich schnell verkriechen – allerdings benötigen sie Sauerstoff aus der Luft.

Wurmfarm im Detail

Die unterste Ebene einer Wurmfarm besteht aus dem Wurmteesammler. Dieser bleibt frei und wird nicht mit organischem Material befüllt. Die nächste Ebene ist die Startebene, der Behälter wird mit Zeitung, Kartonschnipseln und Heu ausgelegt. Darauf werden dann die Würmer mit ihrem Substrat abgesetzt. Zum Start braucht man 1000 bis 2000 Würmer, was einem Gewicht von 250 g entspricht. Ab jetzt können die Würmer fleißig gefüttert werden. Frisches Material sollte immer mit Zeitungspapier abgedeckt werden. Urgesteinsmehl kann hinzugefügt werden, um das Material zu mineralisieren. Am Anfang ist darauf zu

Die obere Wanne wird vor der Montage mit einem Bohrer durchlöchert (ca. 8 mm).

In die obere Wanne wird das kompostierbare Material eingefüllt – die Würmer suchen sich von unten her ihren Weg in die Abfälle.

So sieht das Endprodukt einer erfolgreichen Kompostierung mit Würmern aus – gleichzeitig kann diese Handvoll für das Starten des nächsten Komposters verwendet werden.

achten, dass man die Würmer nicht überfüttert. Ist das Futterangebot nämlich zu groß, kommt es zur anaeroben Fäulnis und die Wurmfarm beginnt zu riechen. Würmer brauchen eine feuchte Umgebung, ähnlich wie ein frisch ausgepresster Schwamm. Wenn das Material zu nass ist, können Blätter oder Papier zugegeben werden oder Wasser, wenn zu trocken. Würmer sollten regelmäßig mit zerkleinerten Abfällen gefüttert werden; kleine Stücke werden schneller gefressen als große. Wenn die erste Arbeitsebene voll ist, startet man einfach mit der nächsten Ebene. Diese wieder mit Abfällen füllen, die Würmer wandern nach oben weiter. Ist die zweite Ebene voll, kann eine dritte aufgesetzt werden. Ansonsten erntet man den Wurmkot aus der ersten Ebene

und verwendet ihn als Kompost für die Pflanzenkultur. Die nun geleerte Ebene wird wieder oben aufgesetzt. Die Wurmfarm sollte immer abgedeckt sein.

Was sie lieben
Die meisten Gemüse- und Obstarten, Kaffeesatz, Teebeutel, abgelagerten Pferdemist, Papier, zerkleinerte Eierschalen, den Inhalt von Staubsaugerbeuteln, Haare, Verpackungspapier oder Karton. **Sie mögen keine** Pfefferoni, Zitrusfrüchte, Zwiebeln, Knoblauch, Fleisch und Fisch, Milchprodukte, zu viel gekochtes Essen, Hochglanzpapier.

Was falsch gemacht werden kann
- Material verfault und wird nicht gefressen: Sie haben zu viele Abfälle dazugegeben

oder die Stücke sind zu groß. **Weniger dazugeben, in kleineren Stücken.**
- Kein Wurmtee: Das Material enthält zu wenig Feuchtigkeit. **Mit Wasser besprühen.**
- Fruchtfliegen oder Ameisen: Das Material ist zu sauer. **Das Futter mit angefeuchtetem Papier bedecken oder mit Kalk bestreuen.**
- Würmer klettern an der Seite hoch oder sind aufgedunsen und blass: Das Futter ist zu feucht. **Trockene Blätter oder Papier untermischen.**
- Gibt man Rasenschnitt in die Wurmfarm: **nur getrocknetes Material dazugeben**, da die Würmer durch die Hitze des Fermentationsprozesses absterben können.

Zubehör: www.wurmwelten.de ✿

o'pflanzt is!: Ein Münchner Gemeinschaftsgarten entsteht

Mitten in München soll ein Wohlfühlort entstehen, wo sich gartenbegeisterte, koch-
begeisterte und ernährungsbewusste Menschen aus allen Schichten und Kulturen
begegnen, um gemeinsam zu pflanzen, sich auszutauschen und frisch zu ernten.

Idee: Vanessa Blind und andere Aktive
Ort: mitten in München (Schwere-Rei-
ter-Straße/Ecke Emma-Ihrer-Straße),
Deutschland
Projekt: Gemeinschaftsgarten als gemein-
nütziger Verein in Entstehung seit 2011

**Vanessa Blind, Sozialpädagogin und grüne
Vernetzerin, 35:**
„Ende 2010 erlebte ich den Film ‚Gründämme-
rung – neue urbane Gärten im Porträt' der Stif-
tung Interkultur in Anwesenheit der Regisseurin
Christa Müller, die inzwischen zu einer großen
Unterstützung für unser Projekt geworden ist.
Ich war quasi aus dem Nichts total fasziniert
von der Idee und wusste einfach: einen Gemeinschaftsgarten wie die im Film vorgestellten, so
was will ich auch machen. Ich habe noch eine
Zeit gebraucht, um die praktische Konsequenz
zu ziehen, aber schlussendlich habe ich meinen
Job gekündigt, um mich selbstständig zu machen
und diese Gartenidee umzusetzen.

{ „**Gärtnern** ist Zauberei ohne Tricks: Eben einen
Samen gepflanzt, wird man kurz darauf von
einem jungen Trieb überrascht." Vanessa Blind }

Es folgten einige Monate des Ideensammelns und
Brainstormens, aber die wirkliche Vision kam
mir eines Nachts, als ich nicht schlafen konnte.
Da habe ich ein Blatt genommen und zum ersten Mal seit meinem 8. Lebensjahr wieder einfach losgemalt. Das erste Bild war ein Bauernhof
mit Kindern, das zweite ein Garten mit Kräuterspirale und Beeten, mit Kindern, wie sie Marmelade kochen, Obst ernten und gärtnern. Da
habe ich mich endgültig für die Vision des Gartens entschieden, obwohl ich ja keine Gärtnerin
bin ... außer fünfzig Bäumen, die ich auf meinem
Balkon großgezogen habe und einem ökologischen Jahr in einem Waldprojekt. Aber ich ini-
tiiere gerne Dinge und war mir sicher, dass die
Gärtner für das Projekt bestimmt kommen würden, wenn die Idee erst mal in der Welt wäre.

Dann hat mit dem Frühling plötzlich auch die
Gartenpraxis Formen angenommen. Ich hatte
einen kleinen Tipp von einem Mitarbeiter der
Stadt hinsichtlich eines alten Kasernengelän-

des bekommen. Dorthin bin ich mit einem zweiten Begeisterten geradelt. Und tatsächlich, an der Schwere-Reiter-Straße tauchte die perfekte Fläche vor uns auf: 3.300 m² schönste Brachfläche direkt an der Straße. Dann ging alles ganz rasant – wir haben bei Immobilien Freistaat Bayern angefragt, die haben uns sehr unterstützt und gleichzeitig mit der Pachtzusage für das Grundstück haben wir unseren gemeinnützigen Verein gegründet.

Mit o'pflanzt is! habe ich das, was ich bei Arbeitgebern im sozialen Bereich gesucht und nicht gefunden hatte, selber möglich gemacht: soziale Aufgaben mit Umweltaspekten in Form eines Gartens zu verbinden, kreativ und praktisch zugleich."

Sven Horner, auszubildender Gärtner für Gemüsebau und Permakulturbegeisterter, 22:
„Ich war immer Klassenbester gewesen, bis ich wegen eines erneuten Umzugs meiner Eltern die Schule wechseln musste. Ab diesem Zeitpunkt, ab der 7. Klasse, ging es mit meinen schulischen Leistungen bergab. Ich kam in die Pubertät und ging in die Rebellion, bis ich psychisch zusammengebrochen bin und depressiv wurde. Die Schule habe ich nach Wiederholung der 10. Klasse und vielen Verweisen mit dem Hauptschulabschluss vorzeitig verlassen. Anschließend nahm ich mir zweieinhalb Jahre Zeit, mich selbst zu finden und wieder zu mir zu kommen. Ich habe mich sehr intensiv mit mir auseinandergesetzt, einen Segeltörn gemacht, eine Ausbildung zum E-Gitarre-Lehrer angefangen und wieder abgebrochen.

Mit der Zeit hat sich eine ganz grundlegende Motivation entwickelt, etwas für eine bessere Welt zu tun. Ich suchte nun für mich fürs Erste etwas Bodenständiges und fand den Beruf des Gärtners. Bevor die Lehre begann, hatte ich noch einen Monat Zeit, also kaufte ich mir ein Buch über Permakultur, Gaia's Garden, A Guide to Home-Scale Permaculture von Toby Hemenway, und arbeitete es durch. In der Lehre musste ich mich anfangs ziemlich durchbeißen. Mittlerweile kann ich auf meine Biographie sehr zufrieden zurückblicken und ich sehe, dass mein Lebensweg letztendlich bestimmend war für die Dinge, die ich jetzt tue, und mich stark gemacht hat. Vanessa habe ich über Facebook und eine virtuelle Guerilla-Gardening-Gruppe kennengelernt – jetzt plane ich den Permakulturgarten für o'pflanzt is!"

Projektbeschreibung
Bei dem zukünftigen Gartengrundstück handelt es sich um eine Brachfläche im Grenzbereich zweier Stadtteile, nahe dem Münchner Olympiapark, es ist etwa 3.300 m² groß, knapp 60 x 60 m, entspricht etwa einem halben Fußballfeld und gehört dem Land Bayern. Die Fläche ist zum Teil durch einen Erdwall und einen bepflanzten Erdhügel strukturiert, zwei Werkzeugcontainer stehen auf dem Gelände. Das o'pflanzt is!-Team verfolgt mit dem Gemeinschaftsgarten folgende Ziele:

- **Soziales Miteinander** stärken durch einen Ort für gemeinschaftliches Gärtnern. Jeder kann mitmachen, das Geerntete wird gemeinschaftlich verarbeitet und verzehrt (z.B. bei einem Erntedankfest).
- **Modellprojekt** für die **Permakultur** im urbanen Bereich (Schaugarten)
- **Recycling/Upcycling:** Weggeworfenes wiederverwerten (z.B. Kompostierung organischen Materials) oder einer aufwertenden Nutzung zuführen (Paletten als Beeteinfriedung), möglichst wenige Produkte aus Kunststoff neu kaufen
- Ort der **Umweltbildung für Kinder und Erwachsene**
- **Zukunftswerkstatt:** Veranstaltungsort für Film- oder Diskussionsabende, Kurse, Lesungen
- **Virtuelle Toolbox** für andere Initiatoren eines solchen Gartenprojektes (Mustersatzungen, Beratung und anderes Material, open source, sodass „das Rad nicht neu erfunden" werden muss).

{ **Entwurf** von Sven Horner für den Permakultur-
schaugarten unweit vom Olympiazentrum. }

Die Idee für den Namen des Gartenprojektes
o'pflanzt is! leitete Vanessa Blind vom Ausruf
„O'zapft is!" ab, den Münchens Oberbürgermeis-
ter jedes Jahr beim Anzapfen des ersten Oktober-
festbierfasses ins Mikrofon ruft. „Es wurde angepflanzt" soll heißen: Eine Vision wurde Realität.
Und nun zu Sven Horners Planung. Repräsentativ soll hier eine Auswahl der geplanten Garten-
elemente kurz beschrieben werden (siehe Gra-
fik oben).

Gefäßkulturen
Gleich am Eingang sind Pflanzen angedacht, die
in jeglichen kleineren Gefäßen wie Töpfen, Schalen, Kästen leben und optisch ansprechen.

Sitzmöglichkeiten
Konzentriert auf der vorhandenen Asphaltfläche
(grau), so ist guter Stand der Möbel gewährleistet.
Sie sind von außen gut sichtbar und wirken einla-
dend. Zwischen den einzelnen Sitzgruppen sollen
kleine Obstbäumchen und -sträucher in Trögen
mit essbarer Unterbepflanzung (z.B. Kapuzinerkresse, Taglilien, Stevia, Petersilie, Schnittlauch,
Erdbeeren, Heidelbeeren etc.) ihren Platz finden.

Outdoorküche
In unmittelbarer Nähe, um die Wege kurz zu halten, die großzügige, barrierefreie Gemeinschafts-
küche. Hoffentlich mit Überdachung, auf jeden Fall
mit direkt angeschlossener und gut erreichbarer

Newsletter

Noch im Dezember 2011 kam der o'pflanzt is!-Newsletter Nr. 1 heraus: „(...) Nun ist es also so weit: o'pflanzt is! ist ein Verein. Das Organische ist in eine bürokratische Form gegossen, die ihrerseits, so hoffen wir innigst, über sich hinaus in den Münchener Himmel wachsen und alle Paragrafen hinter sich lassen wird. (...) Grünste Grüße, euer o'pflanzt is!-Team."

Kräuterschnecke. Auch ein Lehmofen und eine kleine stromfrei betriebene Kühlung sind geplant.

Schaubalkon

Platziert auf dem Dach eines Containers, der bereits auf dem Gelände war, mit zusätzlicher Absturzsicherung, soll ein Schaubalkon demonstrieren, wie man auf kleinem, engem Raum dennoch urban gärtnern kann. Gleichzeitig ist er Aufenthaltsort und Anbaufläche.

Biomeiler

Entwickelt von dem Franzosen Jean Pain (1930–1981), liefert diese Methode der Grünhäckselkompostierung erstaunlich viel Wärme (bis zu 70 °C) in beachtlichen Mengen. Diese soll dann zum Heizen verwendet werden. Ist die Kompostierung abgeschlossen, bleibt wertvoller Humus zurück, der weiterverarbeitet werden kann. Es ist sogar möglich, mittels Vergärung in der warmen Umgebung des Biomeilers Methangas zu produzieren, was dann beispielsweise für einen Gasherd in der Outdoorküche verwendet werden könnte.

Gewächshaus

Gleich neben dem Biomeiler, um den Energieverlust bei der Wärmeleitung gering zu halten, soll ein gut wärmeisoliertes Gewächshaus platziert werden, wahrscheinlich mit Strohballenrückwand und nach dem Vorbild des von Jerome Osentowski vom Central Rocky Mountain Permaculture Institute mitentwickelten Lüftungssystems.

Mit dem Olympiaturm im Hintergrund ist die zwischen Schwabing und Neuhausen gelegene Brachfläche durch einen Hügel mit Baum- und Sträucherbewuchs und einen Wall bereits leicht strukturiert. Diese Vorbedingungen werden in das Planungskonzept einbezogen.

Tischbeete

Um Senioren und Menschen mit Behinderungen, vor allem mit Rollstuhl, ebenfalls das angenehme Gärtnern zu ermöglichen, sollen Tischbeete zur Verfügung gestellt werden, die man im Stehen oder sitzend vom Rollstuhl aus bearbeiten kann. Sie sind in unmittelbarer Nähe zu allen benötigten Ressourcen wie Jungpflanzen, Erde, Kompost etc. platziert, um die Wege kurz zu halten. Internet: www.o-pflanzt-is.de

Permakultur-Tipp: Essbare Pilzkulturen in der Stadt

Josef Andreas Holzer

1. Die Schnitte werden mit einer Motorsäge gesetzt – wer keine Erfahrung im Umgang mit einer Motorsäge hat, sollte dies einem Fachmann überlassen, um Verletzungen zu vermeiden.
2. In die fertigen Schlitze kann die Pilzbrut hineingegeben werden.
3. Die Schlitze werden mit Klebeband verschlossen.
4. An einem schattigen Platz können die Baumstämme gelagert werden – direkt auf dem Erdboden oder in Behältnissen, die mit Erde gefüllt stets feucht gehalten werden.
5. Anhand dieser weißlichen Stellen an der Schnittfläche erkennt man, dass der Baumstamm erfolgreich vom Speisepilz befallen ist.
6. Erste Ernte

Schmackhafte Speisepilze gibt es nicht nur aus dem Supermarkt oder im Wald. Man kann sie auch zu Hause an einem schattigen und feuchten Plätzchen ziehen. Die dafür notwendigen Pilzkulturen benötigen als Nährboden Stroh, Kompost oder Holz. Nachfolgend eine kurze Anleitung für eine Pilzkultur auf Holz, hierfür sind Shiitake (Lentinula edodes), Austernseitlinge (Pleurotus ostreatus), Kräuterseitlinge (P. eryngii), Limonenseitlinge (P. citrinopileatus), Stockschwämmchen (Kuehneromyces mutabilis) geeignet.

Bestandteile der Pilzzucht
• 1 frisch geschnittener Stamm eines Laubbaumes
• Pilzbrut (im Spezialfachhandel erhältlich)
• Breites Gewebeband
• Anhaltend feuchter Standort

Holzstamm etwa 50 cm lang, Durchmesser ca. 15 cm, Beschaffenheit
• Weichholz (z.B. Pappel, Birke) liefert schneller Ertrag, hält jedoch kürzer an.
• Hartholz (z.B. Eiche, Ahorn, Buche) liefert Ertrag über einen längeren Zeitraum.

Am besten ist ein frisches Stück Stamm, z.B. wenn in der Nachbarschaft Bäume beschnitten oder gefällt werden. Diesen Stamm gleich beimpfen, damit er nicht von anderen Pilzen befallen wird – ist er einmal vom Speisepilz durchdrungen, ist das Risiko des Fremdbefalls umso geringer. Bauholz, z.B. aus dem Baumarkt ist nicht geeignet, entweder, weil es sich um Nadelholz handelt (ist wegen des Harzanteils im Holz schwer beimpfbar), weil es bereits von einem Schimmel befallen oder mit Holzschutzmitteln behandelt wurde.

Die **Pilzbrut** wird aus Pilzmyzel hergestellt, das zuvor auf Getreidekörner aufgebracht wurde (erhältlich z.B. bei www.pilzshop.de, www.pilzzucht.at, www.pilzgarten.info). Eine gesunde Brut ist weiß und riecht angenehm pilzig. Bei Schimmelbefall ist die Brut farblich verändert und nicht mehr verwendbar. Frisches Impfmaterial sollte schnell verbraucht werden, da die Lagerfähigkeit eingeschränkt ist.

Impfanleitung
Der vorbereitete Baumstamm wird mit kerbenartigen Vertiefungen versehen, ausgeführt mit elektrischer Motorsäge oder manuell mit Holzhammer und Stemmeisen. Der Durchmesser der Kerben beträgt etwa einen Fingerbreit und ca. 10 cm Länge (über die Hälfte des Stammdurchmessers). Auf einem Stamm können mehrere Kerben gesetzt werden. Der Abstand zwischen den einzelnen Kerben beträgt mindestens 10 cm. Danach die Impfstellen mit Getreidepilzbrut befüllen und mit Klebeband abdecken. Dieser Verschluss soll vor Schimmelbefall, Ungezieferbefall, Austrocknen oder Ausschwemmen durch Regen schützen und muss nicht mehr abgenommen werden. Die Pilze sprießen dann an diversen Stellen aus dem Stamm.

Feuchtigkeit – Temperatur
Je gleichmäßiger Feuchtigkeit und Temperatur gehalten werden, desto besser wird der Baumstamm von der Pilzbrut durchwachsen werden. Die Lagertemperatur liegt idealerweise um 20 °C, den Stamm dabei nicht austrocknen lassen. Dazu kann er senkrecht in ein mit Erde gefülltes Pflanzgefäß gesteckt werden, das wie eine Pflanze regelmäßig gegossen wird; der Stamm wird die Feuchtigkeit aufsaugen wie ein Docht. Oder den Stamm auf einen sehr feuchten und schattigen Platz legen.

Beginn
Im Frühjahr, wenn es keinen Frost mehr gibt. Das Myzel benötigt ca. zwei bis drei Monate, um sich im Holz festzusetzen. Sobald eine farbliche Veränderung an der Schnittfläche der Stammenden zu sehen ist (weißlich verfärbt), hat das Pilzmyzel den Stamm komplett befallen. Wann es zum Auswachsen der Fruchtkörper kommt (das, was wir als „Pilz" kennen und essen werden), hängt oft vom Temperatur-Feuchtigkeits-Verhältnis ab.

Ernte
Erfolgt meist in mehreren Schüben pro Jahr. Wenn sich nichts tut, kann es manchmal helfen, durch ein paar Schläge mit dem Hammer auf den Stamm das Myzel „aufzuwecken" und die Fruchtbildung anzuregen. ●

Palaver unterm Apfelbaum im Landschaftsgarten Graz

Auch ein Projekt in Graz zeigt, dass Gärtnern die Menschen zusammenbringt, besonders dann, wenn sie mitentscheiden können. Migranten aus aller Welt bringen hier das ein, was sie aus ihrer Heimat kennen und vermissen.

Initiatorin: Ulrike Dietschy, Sprachlehrerin, Erwachsenenbildnerin, Interkulturarbeiterin
Ort: Interkultureller Landschaftsgarten Graz West, Krottendorferstraße/Ecke Martinhofstraße, Österreich; 3.200 m²
Projekt/Träger: Palaver unterm Apfelbaum – Verein zur Förderung der Kunst der Kommunikation

Der Pacht des Grundstückes in der Grazer Krottendorferstraße ging ein Behördenmarathon voraus, der 2003 begann und nach fünf Jahren schließlich erfolgreich war. Mittlerweile haben etwa 20 Familien oder Einzelpersonen zugewiesene Beete. In der Kerngruppe gibt es Kurden, Bosnier sowie Menschen aus Amerika (Guatemala, Kanada), Afrika (Marokko, Sudan, Nigeria, Gambia) und Asien (Nepal), ferner Österreicher und Deutsche. Während die Migranten gerne das Obst und Gemüse anbauen, das sie aus ihrer Heimat kennen und hier vermissen, war für die deutschsprachigen Hobbygärtner die Einbeziehung von Permakulturelementen eine interessante Herausforderung.

Anfangs waren die Parzellen auf dem frisch gepflügten Acker in Rechtecken aneinandergereiht, was einen steifen, nicht recht einladenden Eindruck erweckte. Man suchte nach einer Struktur, die Kommunikation fördern und auch klare Orientierung ermöglichen würde. Deshalb entschied man sich für eine „organische", blattförmige Grundstruktur, bei der die „Blattnerven" die Zugänge zu den Parzellen und Beeten darstellten. Die Blattstruktur war trotz Sprachbarrieren gut vermittelbar – jeder hatte ein klares Konzept von dem, was damit gemeint ist. Die gewünschte Gemeinschaftlichkeit der Anlage, ohne starre Grenzziehungen, kam dadurch zum Ausdruck. Pro Einheit und Partei werden hierbei 40 m² zur Verfügung gestellt, neben den gemeinschaftlich genutzten Flächen. Mittlerweile kann eine Familie mit dieser Fläche im Sommer 1/3 ihres Gemüsebedarfs abdecken.

Hochbeet: Die Ethnologin Beate Siliezar Barrios entwickelte – anlässlich der „Schneckenhochkonjunktur" – Hochbeete. Sie taufte diese Variante aufgrund ihrer inhärenten Mobilität „Hochbeete einer City-Nomadin".

Lehmbackofen: auf Anregung einer Kurdin in einem Workshop mit Bernhard Gruber gebaut. Der Ofen wird zum Brotbacken und Kochen verwendet und ist zum Kommunikationsmittelpunkt der Anlage geworden.

Weidenbau: Entstehung einer „lebendigen" Gartenlaube aus Weiden auf Initiative einer österreichischen Familie. Die Laube kann nun auch als Rankhilfe für andere Pflanzen verwendet werden.

Behindertenbeete: Die experimentellen Stahlkonstruktionen von Sascha Vanicek ermöglichen auch Behinderten das Gärtnern auf Rollstuhlhöhe. Die Pflanzgefäße sind austauschbar.

Eine **mongolische Jurte** ist das Wahrzeichen des Gartens und Teil der interkulturellen Einrichtung. Als mobiles Sommerhaus schützt sie vor Regen, dient als Besprechungs- und Versammlungsort

{ **Hochbeete** einer City-Nomadin }

sowie Empfangsraum für die Gäste aus dem internationalen Netzwerk.

Ein **Solarkocher** als moderne Lowtech-Installation ergänzt die Garteninfrastruktur.

Internet: www.gartenpolylog.org

Permakultur-Tipp: Sonnenschutz durch Weinranken

München, Genzstraße 1
Hier pflanzte der ungarische Hausmeister vor etwa 30 Jahren Weinreben an. Er soll nach

Angaben einer älteren Hausbewohnerin sogar eigenen Wein hergestellt haben. Mittlerweile ist der Herr verschieden und die Weintrauben werden leider kaum noch geerntet. Die Dame erzählte verärgert: „Schau'n Sie, das, was hier am Eingang auf dem Boden liegt, trägt man an den Schuhen in die Wohnung und verschandelt sich den Teppich." Vielleicht könnte sich eine Ernteinitiative organisieren und zukünftig den sicher einzigartigen Genzstraßler Asztai Bor keltern. Die Trauben gedeihen gut, wie man sieht, und das sicher völlig spritzmittelfrei. ●

{ **Begrünung** einer Pergola mit Wein, Kiwi und Hopfen nach Georg Hahn. Im Sommer wirkt die natürliche Beschattung kühlend, im Winter hingegen sind die Rankpflanzen blattfrei und lassen die Sonne fast ungehindert durch. }

Wien: Grüne Fassaden und Dachgärten

Dass Wien anders ist, erlebten die Autoren während der Arbeit an diesem Buch. Die Fassadenbegrünung ist wieder im Vormarsch und die Magistratsabteilung für Umweltschutz macht einen Teil ihres begrünten Daches nutzbar – nach einem Permakulturkonzept der Autoren.

Idee: Stadtregierung Wien
Ort: Wien, Österreich, über 1,7 Millionen Einwohner (größte Stadt Österreichs und Bundeshauptstadt)

Internationale Studien bestätigen Jahr für Jahr: Wien ist eine der Städte mit der höchsten Lebensqualität. Dies hängt in hohem Maße mit dem großen Anteil an Grünflächen zusammen. Noch im Stadtbereich liegt der Nationalpark Lobau, auch der Grüngürtel rund um Wien ist für eine Metropole einzigartig. 700 ha Weinberge umgeben Wien, die mittlerweile weltberühmte Donauinsel, gebaut zwischen 1977 und 1981, bietet auf 21 km Länge und 250 m Breite einen wertvollen Naherholungsraum zum Segeln, Rudern, Schwimmen, Walken, Joggen, Skateboarden oder einfach nur zum Abchillen in den Strandbars der so genannten Sunken City.

Die Stadtregierung ist inzwischen in Sachen Grün weiter auf dem Vormarsch. Mit dem Pilotprojekt Grüne Fassade der MA 48 wurde 2010 innerhalb von 3 Monaten eine Vertikalbegrünung der Zentrale der Magistratsabteilung 48 ausgeführt. Auf 720 m² Fassadenfläche und 2.850 Laufmetern wurden mithilfe einer Metallkonstruktion 16.000 Pflanzen gesetzt. Auch Genießbares ist darunter: die Schafgarbe (Achillea millefolium) und Thymian (Thymus vulgaris). Erste Ergebnisse zeigen eine Verminderung des Wärmedurchgangs um bis zu 50 % im Winter sowie einen Schutz des Gebäudes vor Überhitzung im Sommer. Die begrünte Fassade leistet nicht nur Positives für das Gebäude selbst, sondern auch für das unmittelbare Mikroklima. Die Verdunstung von bis zu 1.800 Litern Wasser pro Tag entspricht dabei einer Kühlleistung von etwa 45 Kühlgeräten mit 3.000 W Kühlleistung bei 8-stündiger Betriebsdauer, gleichzeitig etwa der Verdunstungsleistung von vier ausgewachsenen Buchen. Die angesäten Pflanzen sind eine Weide für das menschliche Auge sowie für Schmetterlinge und Bienen.

{ **Vision** für ein grüneres Wien }

Ulli Sima, Wiener Umweltstadträtin: „Urban Gardening – gemeinsam Gärtnern in der Stadt – entwickelt sich zu einem internationalen Trend, den auch die Stadt Wien aktiv unterstützt. Auch wenn 51 Prozent der Stadtfläche Grünraum sind und Wien zu den grünsten Millionenstädten der Welt zählt, gibt es bei uns dicht bebaute Stadtteile, in denen grüne Flächen rar sind und wo den BewohnerInnen keine Hausgärten zur Verfügung stehen. Hier bietet sich die Idee der Vertikalbegrünung an: Gärten wachsen in die dritten Dimension!

Um die Voraussetzungen für Urban Gardening zu verbessern, werden in Wien finanzielle Förderungen für Dach-, Innenhof- und Fassadenbegrünungen vergeben und umfangreiches Knowhow zur Verfügung gestellt.

Die Stadt Wien fördert grüne Dächer: Wie viel Potenzial dafür vorhanden ist, darüber informiert der Gründachpotenzialkataster in Wien Umweltgut (www.umweltschutz.wien.at/umweltgut). Anhand von Pilotprojekten wollen wir vermitteln, welche Möglichkeiten sich bieten, um mitten in der Stadt neue Grünflächen zu schaffen.

Auf dem Dach der Wiener Umweltschutzabteilung – MA 22 wurde eine Kiesfläche in eine Grünoase umgewandelt, nun beobachten die ExpertInnen der MA 22 die Entwicklung der naturnahen Substrate und der Pflanzengesellschaften. Und an der begrünten Fassade der Zentrale der MA 48 (Abfallwirtschaft, Straßenreinigung und Fuhrpark) tummeln sich Schmetterlinge und Bienen auf Thymian und Schafgarbe. WissenschafterInnen aus dem In- und Ausland begleiten dieses Pilotprojekt und untersuchen die positiven Auswirkungen der begrünten Wand auf das Kleinklima und die Gebäudephysik.

Welch ungeahnte, oft verblüffend einfache Möglichkeiten zur Schaffung von Grünoasen in der Stadt noch stecken, können Sie in diesem Buch nachlesen. Ich lege diese Ideen allen zukünftigen StadtgärtnerInnen ans Herz und freue mich über viele neue Gärten und grüne Nischen in Wien!"

Aufgrund dieser Erkenntnisse wird 2012 mit Unterstützung der Stadt Wien der Weg zu einer horizontal wie vertikal begrünten Stadt Wien geebnet. Die Vision von besser genutzten urbanen Flächen hat die zuständigen Behörden hierzu motiviert. Ein neuer Leitfaden wird Bauherren und Bauträgern die Planung und Umsetzung erleichtern. Er wird technische und gärtnerische Aspekte erklären, zusammen mit einer Reihe von Beispielen bewährter Verfahrensweisen und den Möglichkeiten zur Förderung.

Bei dem Erstgespräch von Judith Anger mit den Experten DI Jürgen Preiss und DI Manfred Pendl im Büro der Wiener Umweltschutzabteilung – MA 22 erfuhren wir, dass auf dem Gebäude dieser Fachabteilung der Stadt Wien bereits eine Schaufläche mit horizontaler Begrünung errichtet wurde. Unter dem Motto „Vom Kiesdach zum Gründach" ist eine moderne Fläche mit vielen Kräutern, Versuchsflächen und einem Feuchtbiotop angelegt worden. Der anfängliche Gedanke, hier Obstbäume, Beerensträucher und Feldfrüchte zu setzen und anzubauen, wurde verworfen, da man davon ausging, hierfür mindestens einen Meter Bodentiefe zu benötigen, was aus statischen Gründen nicht möglich war.

Im Rahmen dieses Gespräches entstand die Idee, ein an diese begrünte Dachfläche angrenzendes und noch nicht begrüntes Areal unter Gesichtspunkten der urbanen Permakultur als Versuchsgarten anzulegen. Mit größtem Interesse wurde dieser Vorschlag seitens der Wiener Umweltschutzabteilung angenommen. Das Autorenteam entschloss sich daraufhin, der Stadt Wien die Grundplanung für ein „essbares Dach" zu schenken. Im nachfolgenden Permakultur-Tipp ist dieser Entwurf abgebildet und beschrieben.

Bisher begrünte Flächen: moderne architektonische Gestaltung der ersten Dachflächen, Bepflanzung im mediterranen Stil

Permakultur-Tipp:
Planung für eine Dachfläche

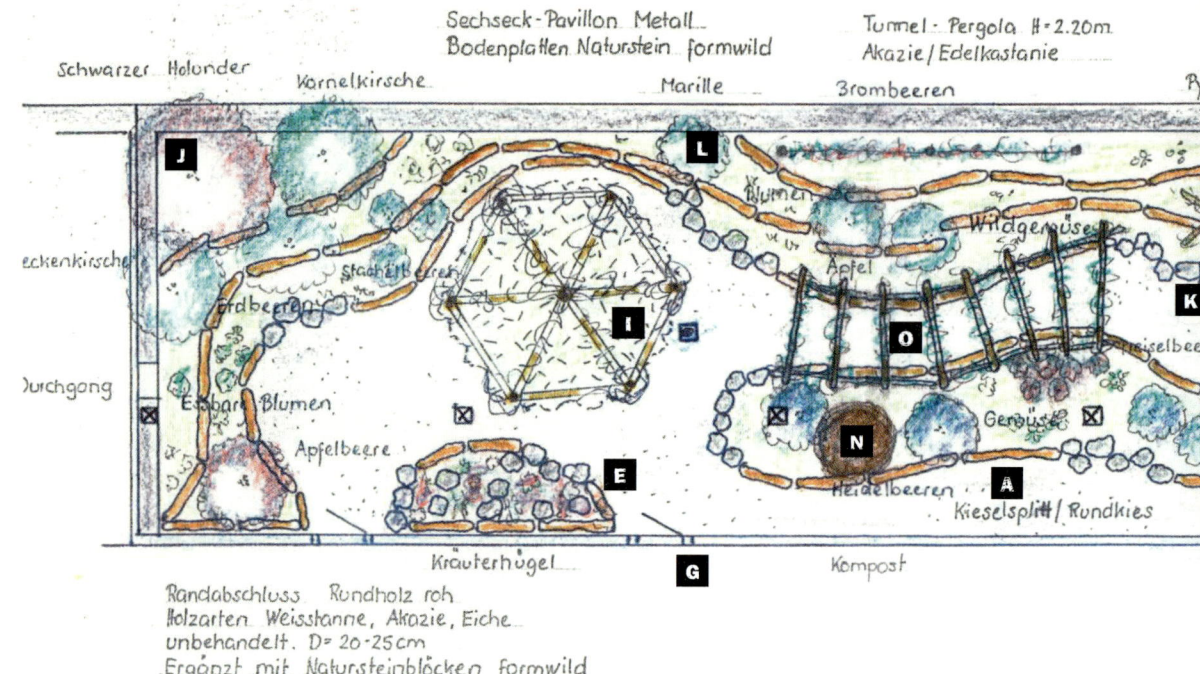

Sechseck-Pavillon Metall
Bodenplatten Naturstein formwild

Tunnel-Pergola H=2.20m.
Akazie/Edelkastanie

Schwarzer Holunder

Kornelkirsche

Marille

Brombeeren

eckenkirsche

Durchgang

J

L

I

O

K

N

A

E

Blumen

Apfel

Wildgemüse

Stachelbeeren

Erdbeeren

Essbar Blumen

Apfelbeere

Gemüse

Heidelbeeren

Kieselsplitt/Rundkies

Kräuterhügel

G

Kompost

Randabschluss Rundholz roh
Holzarten Weisstanne, Akazie, Eiche
unbehandelt. D= 20-25cm
Ergänzt mit Natursteinblöcken formwild

Ziel der Gestaltungsplanung ist es, einen „essbaren Lebensraum" auf einem Dach in der Stadt in Form von Schauflächen anzulegen. Der „Garten Eden MA 22" soll dabei ruhig im gestalterischen Kontrast zu den bereits fertig gestellten Flächen aus dem Jahr 2008 und 2009 stehen dürfen. Auf diese Weise können bei vergleichbaren Standortverhältnissen die Unterschiede erfasst und bewertet werden.

Wir wollen das Potenzial eines solchen „essbaren Gartens" unter Gesichtspunkten der Holzer'schen Permakultur demonstrieren und aufzeigen.

Die Gestaltung im Detail
Alle Teile der Anlage sollen möglichst natürlich wirken und ressourcenschonend gestaltet werden.

A Der bestehende Kies wird abgetragen und wiederverwendet.

B Die Dachhaut wird voraussichtlich mit entsprechender Wurzelschutzfolie überzogen.

C Die Wasserabläufe sind in der Gestaltung bewusst frei gehalten und gut kontrollierbar.

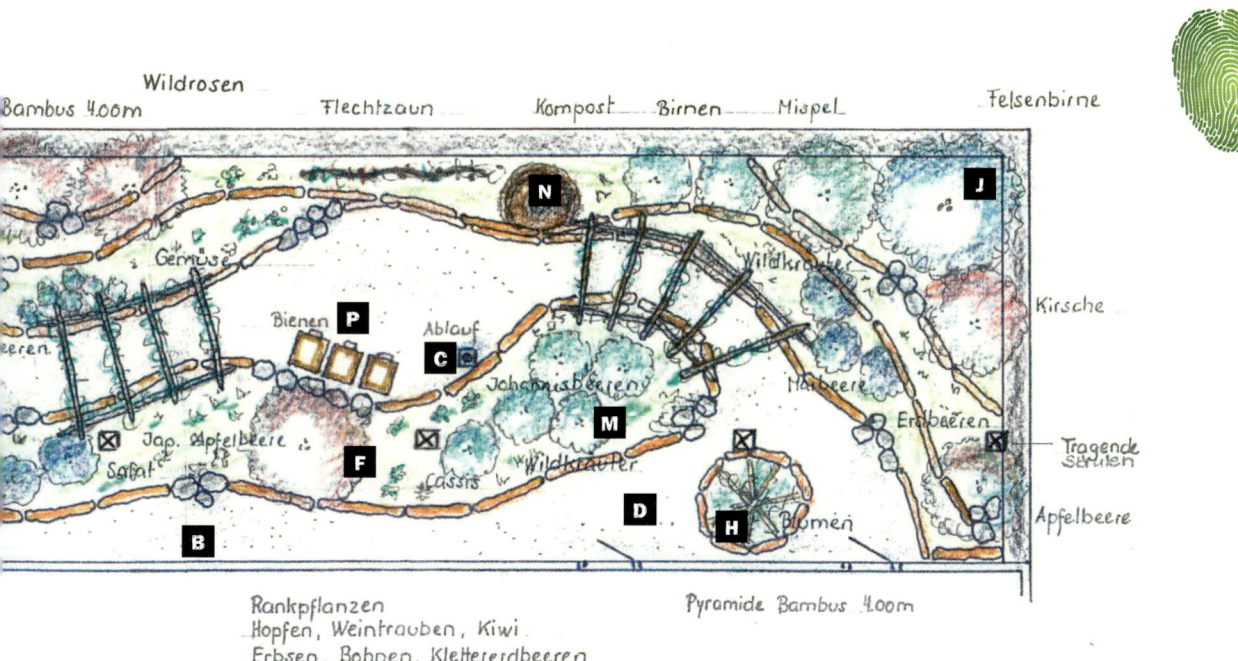

Bambus 4.00m   Wildrosen
Flechtzaun   Kompost   Birnen   Mispel
Felsenbirne

Gemüse
Bienen   P
Ablauf   C
N
J
Wildkräuter
Kirsche

Jap. Apfelbeere   F
M   Johannisbeeren   Himbeere   Erdbeeren
Safat   Cassis   Wildkräuter
D   H   Blumen   Tragende Säulen
B   Apfelbeere

Rankpflanzen
Hopfen, Weintrauben, Kiwi
Erbsen, Bohnen, Klettererdbeeren
Zaunwicke, Weinbeere

Pyramide Bambus 4.00m

D Die Wegführung ermöglicht eine Begehung in alle
Ecken. Sie lädt ein zum Fla-
nieren, Innehalten sowie
Nachdenken und bietet Ru-
hezonen zum Verweilen. Die
Fassade (Glas) bleibt frei
und wird nicht genutzt.

E Die Abgrenzungen aus Holz
und Steinen ermöglichen
eine minimale Abtrennung
zwischen Kulturerde und
Kiesflächen. Sie sind le-

bendig, begehbar und ver-
bessern den Feuchtigkeits-
haushalt.

F Die Kulturerde wird 20 bis
60 cm hoch eingebaut und
allenfalls mit rund 20 %
Blähton, Lentolit, Ziegel-
splitt oder Bims versetzt.
Das ergibt gute Eigenschaften für den Wasser- und
Lufthaushalt, reduziert die
Gefahr von Bodenverdich-
tung und vor allem das Ge-

wicht der Pflanzentrag-
schicht.

G Um Staunässe zu verhindern, können abhängig vom
Gefälle und Art des Sub-
strates flexible Drainage-
rohre verlegt werden. Die
Maßnahmen in Zusammen-
hang mit dem Wasserhaus-
halt sind äußerst wichtig,
jedoch schwierig im Voraus
zu beurteilen. Eine Drai-
nage birgt die Gefahr von

rascherem Austrocknen, keine hingegen die Gefahr von Staunässe. Durch regulierbare Abläufe könnte die Terrasse auch periodisch angestaut, das heißt geflutet werden.

H Die Pyramiden aus Bambusstäben, Pergolen aus Akazie und der Pavillon aus Metall bilden die vertikalen Elemente und ersetzen teilweise die nicht nutzbare Fassade. Sie dienen allen schlingenden und rankenden Pflanzen als Stützen und Träger.

I Der Pavillon lädt ein zum Verweilen und Genießen in natürlicher Umgebung von Düften und Essbarem.

J Die Bepflanzung hat zwei Schwerpunkte links und rechts mit höher wachsenden Pflanzen, wie Kornelkirsche (Dirndl), Holunder, Felsenbirne, Mispel und Kirsche. Die Unterpflanzung bilden Wildkräuter, Erdbeeren und Wildblumen.

K Über die gesamte Anlage hinweg sind verschiedenste Beerensträucher gepflanzt, wie Johannisbeere, Himbeere, Heidelbeere, Preiselbeere, Maibeere, Stachelbeere, Heckenkirsche, Apfelbeere, Gemeine Berberitze oder Wildrosen. Sie sind die Buschvegetation, geben den angelegten Beeten die Struktur und bieten Schutz für die Unterpflanzung.

L Obstbäume, wie Marille (Aprikose), Birne, Apfel und andere Obstarten, sind überall verstreut gepflanzt (Nutzung von Zwergobstbäumen).

M Teile der Krautschicht werden nach Belieben mit Gemüse angesät oder gepflanzt, ergänzt mit Wildgemüse, Kräutern/Wildkräutern und Blumen. Ist eine stark reduzierte Pflege gewünscht, wird die ganze freie Fläche ausschließlich mit Wildgemüse, essbaren Blumen, Wildkräutern oder Salat angesät. Erdbeeren können überall gepflanzt werden.

N Zur Kompostierung dienen zwei vorgesehene Plätze, alternativ ist eine Direktkompostierung durch Einarbeitung von Pflanzenresten an Ort und Stelle möglich.

O Zur vertikalen Bepflanzung werden Hopfen, Kiwi, Weintrauben, Bohnen, Erbsen, Klettererdbeeren und Zaunwicken gesetzt bzw. gesät.

P Die Bienen sollen ein möglichst vielfältiges Angebot an guten Trachtpflanzen erhalten.

Die ausgesprochene Vielfalt von Ertrag bringenden Pflanzen wird beispielgebend für ein essbares Biotop im urbanen Bereich sein. Diese Arten- und Sortenvielfalt, die Naturkreisläufe oder der Nutzen von Pflanzgemeinschaften soll erprobt, vermittelt und verstanden werden. Dieser „Garten Eden MA 22" ist beispielhaft für unsere ganz persönliche Vision einer grünen Stadt von morgen. ●

Volkertmarkt Wien:
Ein ganzes Viertel wird begrünt

Dass Design nicht nur dem Selbstzweck dient, zeigt dieses Projekt, das im Rahmen der **Vienna Design Week** umgesetzt wurde. Manchmal braucht es einen Anstoß von außen, um die Anrainer auf neue Ideen zu bringen.

Team: Richard Mahringer, Anna Rosinke, Maciej Chmara und viele freiwillige Helfer
Ort: Volkertmarkt, Volkertplatz, Wien, Österreich
Projekt: Designprojekt **functional green**, im Rahmen der **Vienna Design Week 2011** realisiert, einem jährlich im Oktober in Wien stattfindenden Festival

Das Zentrum des Projekts war der etwas heruntergekommene Volkertmarkt, ein Platz im 2. Bezirk in Wien. Hier wurden in Vorarbeit sowie während der Vienna Design Week verschiedene Aktionen im Zusammenhang mit urbaner Landwirtschaft durchgeführt. Das Marktgebiet beinhaltet drei Beete, um die sich niemand kümmert und welche im besten Fall von Hunden als Toilette benutzt werden. Eines dieser Beete wurde komplett saniert, d.h. die Erde wurde ausgetauscht, Rollrasen verlegt, es wurde eine Bank gebaut und Gemüsebeete angelegt. Am Beet direkt und im gesamten Viertel wurden auch noch ca. 200 Pflanztröge mit Gemüse ausgehängt, welche eine ästhetische Mischung aus Kunstinstallation und einer vertikalen Farm darstellen.

Das Ziel der Aktion war nicht urbane Begrünung als Selbstzweck – es sollte vielmehr darauf aufmerksam gemacht werden, dass es möglich ist, durch Eigeninitiative der Marktstandler den Markt und dessen Umfeld attraktiver zu gestalten, statt über das Marktamt oder Supermarktketten zu klagen. Auch Verkaufskonzepte wie „Volkertmarktgemüse" durch lokale Lebensmittelproduktion statt Import wollten die Künstler ins Leben rufen, um Alleinstellungsmerkmale zu kreieren. Im Ergebnis war ein sichtbarer Anstieg der Besucherzahl für das am Beet liegende Markt-Café zu verzeichnen – auch noch nach der Vienna Design Week.

Über die Marktgrenzen hinaus
Man kooperierte nicht nur mit dem Markt, auch anliegende Institutionen wie das Jugendzentrum wurden mit einbezogen. Kinder und Jugendliche vom Jugendzentrum „Alte Trafik" haben kleine

Beete in Bäckerkisten betreut. Es wurde gesät, mit Erde gearbeitet, gegossen ... Der edukative Aspekt war bei diesem Projekt sehr wichtig. Stadtkinder haben oftmals keinen Bezug zu Pflanzen, die meisten von ihnen wissen nicht, wie viel Arbeit und Zeit es braucht, bis man zu einem verzehrbaren Ergebnis kommt. Die Kinder und Jugendlichen waren begeistert und haben hoch motiviert am Projekt mitgearbeitet.

Eine weitere Aktion war die Begrünung des Parkplatzes am Volkertplatz 1. Für fast zwei Monate lag ein Rasen auf dem Parkplatz, Gemüse wurde angebaut, es wurde gemeinsam gekocht, gegessen und diskutiert. Abgesehen von vereinzelten

Drohungen von Nachbarn und darauffolgenden Kontrollbesuchen der Polizei haben die meisten Passanten verstanden, wie viel Spaß und nachhaltigen Nutzen ein einziger Parkplatz bringen kann, wenn man nicht gerade ein Auto daraufstellt. „Das Bepflanzen des Beets wie auch das Begrünen des Parkplatzes haben wir trotz des großen Zeitaufwands behördlich genehmigen lassen. Durch das Einholen der Genehmigungen konnten wir die lokale Politik auf das Projekt aufmerksam machen, die Finanzierung aufstellen und das Projekt nachhaltig betreiben. Eine Fortsetzung der Arbeiten ist in Planung", so einer der Initiatoren.

„Zusätzlich wurde in der Marinelligasse 3, einer alten Schlachterei, in einem Work-in-Progress-Workshop mit Nutzpflanzen experimentiert und gestaltet. Wir haben eine wohnzimmertaugliche Aquaponie-Anlage gebaut (kurz gefasst: Die Ausscheidungen von Krebsen im Aquarium düngen Pflanzen, diese reinigen wiederum das Wasser der Krebse) und Pflanzen an den Tropf gehängt, Bokashi-Saft (dazu mehr im Praxisteil) wurde einer automatischen Bewässerung beigemengt. Wichtig war uns hier auch die ästhetische Herangehensweise an das Thema Nutzpflanze und das Ausarbeiten von Ansätzen, welche über den Blumentopf hinausgehen."
(www.functionalgreen.blogspot.com)

Im oberen Teil des Container-
komplexes ist das Gewächshaus montiert.

Geschäftsmodell Aquaponie:
Fisch und frisches Gemüse aus der Stadt

Seit etwa neun Jahren wird an der Züricher Hochschule für Angewandte Wissenschaften ZHAW in Wädenswil (Schweiz) ein Prinzip getestet, das Fischzucht und Gemüseanbau in einem geschlossenen Kreislauf miteinander vereint – das System soll umweltfreundlich sein, wenig Platz und Wasser verbrauchen. Es ist als **Aquaponie** oder Aquaponics bekannt. Der Begriff setzt sich zusammen aus **Aquakultur** (Fischzucht) und **Hydroponics** (Hydrokultur oder Pflanzenkulturen in Wasser, ohne Erde).

Das Prinzip der Aquaponie wurde bereits von frühen Menschenkulturen genutzt, z.B. von den alten Chinesen in der Kombination von Reisanbau und Fischzucht oder von den México oder geläufiger als Azteken bezeichneten Ureinwohnern von Mexiko (heutiges Stadtgebiet). Aus strategischen Gründen lebten sie auf Inseln in einem großen See – der heute nicht mehr existiert – und bauten „schwimmende Inseln", auf denen sie Gemüse anbauten. Klägliche Reste hiervon kann man als sogenannte Chinampas im Stadtteil Xochimilco (sprich: ssottschi-milko) heute noch sehen. Das Prinzip: Die Ausscheidungen von Fischen enthalten Ammoniak, eine Stickstoffverbindung, die in höheren Konzentrationen für Fische giftig ist. Dieser Ammoniak wird von speziellen Bakterien zu Nitrit und schließlich Nitrat oxidiert und kann nun als natürliches Düngemittel für Pflanzen verwertet werden (siehe auch www.urbanfarmers.ch).

Berliner Unternehmer möchten unter dem Motto „Frisch vom Dach" im Stadtteil Tempelhof/Schöneberg das System der Schweizer erstmals kommerziell nutzen. Ihre Vision ist eine ganzjährige ökologische Landwirtschaft mit neutraler CO_2-Bilanz, minimalen Transportwegen und „maximaler Nachhaltigkeit". Seit 2011 ist die sogenannte Containerfarm zu Schauzwecken in Betrieb – entsprechend dem Humor des Berliners „Rostlaube" getauft. Sie besteht aus einem ausrangierten Container, in den ein Fischtank integriert ist. Darüber befindet sich das damit verbundene Hydroponie-Gewächshaus. Ab 2013 soll auf einer Gesamtfläche von 7.000 m² auf dem Areal der ehemaligen Malzfabrik eine wesentlich größere Dachfarm entstehen, sie wird die 22 Becken mit je 18 m³ Fassungsvolumen nutzen, in denen früher die Gerste eingeweicht wurde. Fische und Gemüse sollen in hauseigenen Geschäften verkauft werden (siehe auch www.frischvomdach.de).

Der Aspekt des Tierschutzes im Sinne einer artgerechten Tierhaltung ist den Betreibern wichtig, zumal eine Übernutzung des Systems, wie in der Massentierhaltung, vermieden werden muss. Die ebenso erforderliche technologische Sicherheit der Anlage wird dafür verantwortlich sein, dass der Ausfall einer Pumpe oder eines anderen Bestandteiles technisch abgefangen werden kann, sodass die Fische nicht etwa schlagartig sterben, wie dies bei anderen Fischzuchtverfahren passieren kann. Eine Herausforderung ist die Bereitstellung der Nahrung für die Fische, die nicht aus regenwald- und ressourcenfressenden Sojapellets aus Brasilien bestehen darf, sondern ebenso möglichst Teil eines geschlossenen Kreislaufs sein müsste, um dem Nachhaltigkeitsanspruch gerecht zu werden, z.B. über eine Wurm- oder Larvenfarm. Spannend ist in jedem Falle die Möglichkeit der Fischzucht und die gleichzeitige Gemüse- und Kräuterproduktion in der Stadt. Die Wärme, die Dächer abgeben, kann zudem ein Beheizen des Wassers im Winter überflüssig machen.

Permakultur-Tipp:
Bokashi-Methode zur natürlichen Düngung

Richard Mahringer

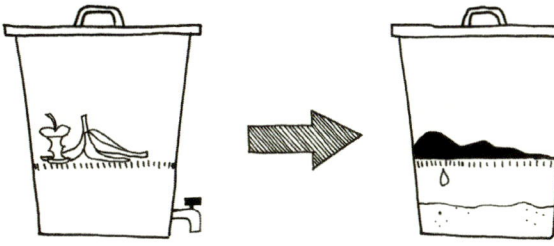

Aufgrund des begrenzten Raumes ist die Stadt nicht von vornherein das ideale Umfeld zum Anbau von Nutzpflanzen. Die geringe Menge an verfügbarer Erde (ob als Erdkörper oder in Behältnissen) macht Dünger zumeist zur Voraussetzung jedes Anbaus. Konventionell angebotener Kunstdünger ist meist uninteressant, da umweltbelastend und teuer. Kostspielig sind auch viele der kommerziell angebotenen biologischen Lösungen.

Deswegen sind jene Dünger interessant, die sich günstig und einfach selbst herstellen lassen, beispielsweise Brennnesseljauche (sofern Brennnesseln in der Stadt verfügbar sind) oder die ursprünglich aus Japan stammende und dort, wohl auch wegen des Platzmangels, sehr populär gewordene Bokashi-Methode. Die anaerobe Bokashi-Fermentation nutzt die in jedem Haushalt anfallenden Küchenabfälle. Anstatt sie der städtischen Entsorgung zuzuführen, die durch die Transporte wieder Ressourcen verbraucht, werden die Abfälle zu Hause – ohne Geruchsbelästigung – in speziellen Behältern gesammelt und liefern gratis sowohl Flüssig- als auch Feststoffdünger für die Pflanzen.

Voraussetzung für die Bokashi-Herstellung sind zwei selbst gebaute (im Internet gibt es zahlreiche Anleitungen) oder gekaufte Bokashi-Eimer mit Ablasshahn und Sieb. Die Küchenabfälle – vom Knochen bis zum Kaffeesatz – werden im Eimer gesammelt und mit bakterien- und hefebeimpfter Kleie bestreut, um einen Fermentationsprozess anzuregen, welcher der Milchsäurevergärung bei Sauerkraut ähnlich ist. Während des Prozesses kann laufend Saft abgelassen werden, der stark verdünnt (je nach Anwendung zwischen 1:100 und 1:1000) zum Düngen benutzt werden kann. Unverdünnt hat sich der Bokashi-Saft auch als Abflussreiniger bewährt. Ist einer der Kübel befüllt, sollte er ca. 10 Tage reifen, je nach Lagertemperatur auch mehr, wobei der Prozess bei Kälte länger dauert. In dieser Reifezeit kann der zweite Bokashi-Eimer befüllt werden.

Außer dem sogenannten Bokashi-Saft fällt ein fermentierter Festdünger an. Dieser wird in Erde eingegraben und muss vollständig von dieser umschlossen sein. Die Umwandlung in wertvollen und ertragreichen Kompostdünger erfolgt sehr rasch. Allerdings sollte man aufgrund des anfangs niedrigen pH-Werts ungefähr eine Woche mit der Bepflanzung warten. Hierbei gilt es, die Pflanzen nicht direkt in das frische Bokashi-Ferment zu setzen, sondern in die darüber aufgetragene Erdschicht, die je nach Wurzeltiefe zwischen 5 und 15 cm betragen sollte.

Meine Erfahrungen mit dieser Methode sind sehr gut, auch mit wenig Erde (Substrat) konnte ich große Mengen an Gemüse ernten und aus meinem vermeintlichen Abfall hochwertigen Dünger erzeugen. Für mich ist, gerade im urbanen Bereich, wo andere Kompostiermöglichkeiten meist fehlen, die Bokashi-Methode mit Abstand die wirksamste und ökologischste Variante der Abfallbeseitigung und- veredelung. ♦

Detroit: Einstige Motor City nutzt ihre alten Autoreifen neu

Die einstige Auto-Metropole verwaist schön langsam. Und das bedeutet auch: weniger öffentliche Infrastruktur, weniger Nahversorgung, weniger Jobs, mehr Armut. Doch die Einwohner machen mobil und versorgen sich zunehmend selbst.

Initiatoren: Nathan Ayers (Chiwara Permaculture Research & Education), Kathleen Devlin (Spirit of Hope Urban Farm)
Ort: Detroit, Michigan, USA
Projekt: Eine sterbende Großstadt wird neu belebt.

Detroit, Ville d'Etroit oder auch Stadt an der Meerenge, ist von der Automobil-Massenproduktion Henry Fords her bekannt. Im heutigen Stadtteil Highland Park liefen 1909 die ersten Ford Modell T vom Band; bis der VW Käfer kam, war Tin Lizzy das meistverkaufte Automobil der Welt. Die Automobilindustrie verhalf Detroit zu seinem schnellen Aufstieg. Seit 1950 jedoch verzeichnet die einst „schönste Stadt Amerikas" einen kontinuierlichen Bevölkerungsrückgang, der durch die jüngste Automobil- und Wirtschaftskrise noch einmal verschärft wurde: Von einst fast zwei Millionen sank die Zahl der Einwohner auf mittlerweile 700.000. Durch die Automobil- und Wirtschaftkrise sind Nahrungsmittelversorgung, öffentlicher Verkehr und Straßenbeleuchtung in Teilen der Stadt stillgelegt, ganze Hochhauskomplexe stehen leer und immer mehr Brachland steht für wenig Geld zur Verfügung – Häuser sind angeblich für einen Dollar zu haben.

Die Selbstversorgung durch Eigenanbau ist daher für die vielen verarmten und arbeitslosen Menschen dort naheliegend, die jungen Menschen allerdings verfügen über wenig einschlägiges Wissen. Es gibt mehrere Initiativen, die der Bevölkerung das Gärtnern vermitteln sollen, teils jedoch immer noch in Anlehnung an konventionelle Landbewirtschaftung. Wir spürten zwei Projekte auf, die Permakultur berücksichtigen, und sprachen mit den Verantwortlichen.

Nathan Ayers: „Ich bin von Beruf Lehrer und lebe im benachbarten Ann Arbor. 2009 machte ich in Kalifornien einen Bill-Mollison-Kurs, weil mich das Thema Permakultur interessierte. In Detroit fand ich aufgrund der Missstände fruchtbaren Boden für diese Art der ganzheitlichen Landbewirtschaftung und begann Kurse abzuhalten."

Und wie ging das dann weiter?
Nathan Ayers: „Unser Permakulturprogramm begann in Highland Park mit einem zweiwöchigen Permakultur-Designkurs zusammen mit drei Mitarbeiten und zehn College-Schülern aus der Gegend. Das war Teil einer Einweihungsveranstaltung des GELT-Programmes (Green Economy Leadership Training), gefolgt von neun Wochen praktischer Arbeit vor Ort zu den Themen Permakultur, Energieeffizienz, Photovoltaik und Gemeinschaft. Wir lehrten und arbeiteten an vier verschiedenen verlassenen Häusern in der Grove Street, kein Strom, kein Licht, kein Wasser. Unsere Schüler sind jung, begeistert und intelligent. Im ersten Jahr ging es im Wesent-

{ **Hochbeete** in Autoreifen – passend zur Autostadt }

lichen darum zu lernen, wie man die Umwelt aufmerksam beobachtet und wahrnimmt. Aus herumliegendem „Müll" konstruierten wir Hochbeete, Kräuterspiralen und Frühbeete. Gleichzeitig baute die Gruppe ein gutes Netzwerk zu den Anwohnern, lokalen Hilfsorganisationen und der Kirche auf.

In diesem Sommer, 2011, ging es im Rahmen des GELT-Programmes weiter. Die Organisation kaufte vier Apartmenteinheiten und ein großes verwahrlostes Grundstück in der Nähe der Highland Park Community High School auf, nur einen Straßenblock entfernt von Henry Fords ursprünglicher Modell-T-Fabrikanlage. Wir haben unsere

Unterrichtsklasse auf 28 Schüler erweitert und konnten das Detroit Black Food Security Network als bereits seit 2006 etablierte Nichtregierungsorganisation mit einbeziehen. Wir dehnten unseren Permakulturplan auf das gesamte Highland-Park-Areal aus, bauten Spielplätze aus liegengelassenen Autoreifen. An einer Mittelschule wurde ein Naturlehrprogramm ins Leben gerufen und ein 30 Meter langes Gewächshaus aufgestellt, das den Anbau von Gemüse nach Permakulturprinzipien auch im Winter sicherstellen soll. Dies ist erst der Beginn einer lokalen Lebensmittelproduktion und hoffentlich auch der Auftakt für die Rückkehr des Bauernmarktes, den es hier früher gab.

Man beginnt in Detroit auch wieder mit Tausch-handel. Arbeitszeit wird einheitlich bewertet – ein Tischler kann für eine Stunde Arbeit eine Stunde der Gegenleistung durch einen Arzt erhal-ten. Durch all diese Entwicklungen sind junge und kreative Menschen in die Stadt gezogen, es entstehen ganz neue Möglichkeiten zu leben. Als nächstes werden wir uns mit dem Thema Wasser befassen – davon gibt es in Detroit sehr viel – und mit dem Leben mit Nutztieren." (www.chiwarapermaculture.com)

Wir begeben uns in einen anderen Teil Detroits – per Google Map und unterstützt durch Skype. An der Kirche Spirit of Hope, 1519 Martin Luther King Jr. Boulevard, treffen wir auf einen Per-makulturgarten mit über 1.000 m² Fläche und die Gründerin Kathleen Devlin, 53, Köchin und Volksschullehrerin. Sie zog 1986 aus Philadel-phia nach Detroit und hatte bereits in den 1970ern gegärtnert, begann 2006, sich mit Permakultur zu befassen. Geld für einen Kurs hatte sie nicht, daher las sie Bücher und trat einer Permakul-tur-Lerngruppe bei.

Aufbau eines Gewächshauses im Permakultur-design – hier sollen die Nahrungsmittel für die kalte Jahreszeit gezogen und die Anzucht für das Auspflanzen im Frühjahr ermöglicht werden.

Was hat das Wissen über Permakultur bei Ihnen verändert?
Kate Devlin: „Aufgrund meines Permakulturwis-sens begann ich nachzudenken, wie in der Natur alles miteinander verbunden ist. Ich fing an, die Erde als Lebewesen zu betrachten, so hatte ich das nie zuvor gesehen. Ich bewirtschaftete mei-nen städtischen Bauernhof: den eigenen Garten zusammen mit weiteren Flächen per Guerilla Gar-dening – es sind Grundstücke, von denen ich weiß, dass meine Anpflanzungen dort nicht gestört wer-den. Insgesamt sind es etwa 1.000 m²."

Wie entstand der Permakulturgarten an der Kirche?
Kate Devlin: „Ich kannte den Pastor und erzählte ihm von meiner Idee, hier auch einen Gemüsegar-ten anzulegen. Mittel konnte er uns nicht zur Ver-fügung stellen und eigentlich hatte ich keine Zeit

für das Ganze, aber er erteilte unserem Projekt seinen Segen und los ging's mit freiwilligen Hel-fern. Es war anfangs schwierig, denn die meisten hier haben nicht einmal Geld, um sich Gartenge-räte zu kaufen; wir arbeiten zum Teil mit unseren bloßen Händen. Da der Boden durch die Indus-trie stellenweise belastet ist, nutzen wir Hoch-beete, die wir aus etwas herstellen, das es hier in Detroit, aber natürlich auch anderswo reich-lich und kostenlos gibt: alte Autoreifen. Sie wer-den mit „sauberer" Erde gefüllt. Nützlich ist, dass der schwarze Gummi sich tagsüber aufheizt und seine Wärme nachts langsam wieder abgibt. Dadurch werden die kreisrunden Anpflanzungen ein paar Grad wärmer gehalten, als dies sonst der Fall wäre. Der Ertrag geht zu 25 % an die Frei-willigen, 25 % werden an eine Tafel für Bedürf-tige geliefert und die restlichen 50 % werden ver-kauft. Der Erlös wird in das Projekt reinvestiert."

Wie soll es weitergehen?
Kate Devlin: „Wir arbeiten mit Nathan zusam-men, er hat einen Projektvertrag in Highland Park und bringt seine Schüler hierher, ich vermittle ihnen die Praxis zu dem, was sie vorher an Theo-rie erlernt haben. Die nächsten Jahre müssen wir uns beibringen, Lebensmittel haltbar zu machen,

{ **Permakulturgarten** }

sodass wir auch im Winter davon leben können. Das neue Gewächshaus, das gebaut wurde, soll einen Anbau auch in der kalten Jahreszeit erlauben. Mittlerweile haben wir sogar eine Partnerschaft mit der Vorschule der Kirche organisiert. Die Kinder dürfen im Garten arbeiten, sie erhalten einen Miniaturgarten im Milchkasten (Anm.: milk crate, entspricht etwa unseren Bäckerkisten aus Kunststoff). Inmitten der Stadt, in einer Oase des Grüns, bekommen sie reichlich Gelegenheit, Neues zu lernen, anzupflanzen, neue Arten von Lebensmitteln auszuprobieren, mit Enten und Truthähnen in Kontakt zu kommen."

Was ist Ihr größter Wunsch für Detroit?

Kate Devlin: Mein Wunsch ist, dass Detroit die erste Stadt wird, die sich selbst ernähren kann. Will Allen, US-amerikanischer Basketballspieler und Urban Farmer in Milwaukee, war schockiert, dass es in Amerikas Städten nirgendwo frische Ware gab, nur industriell verarbeitete Lebensmittel. Er kam nach Detroit, um dem Black Food Security Network zu helfen, sprach mit dem Bürgermeister und vermittelte ihm, dass man

es auch als Geschäft betrachten könnte, wenn Detroit nahrungsmittelautark wird.

Haben Sie das Gefühl, die Leute hier sind daran interessiert, autark zu leben?

Kate Devlin: „Einige ja. Ich zeige ihnen, wie ich Regenwasser für die Kulturen sammle und dann sehe ich, wie es bei ihnen innerlich „rattert"; sie beginnen zu kapieren, worum es mir geht. Das größte Problem allerdings ist in Detroit das Thema Depression, denn die wirtschaftlichen Schwierigkeiten existieren hier schon Jahrzehnte, viele Menschen haben den Glauben an sich selbst verloren. Es ist meine Aufgabe, die Leute zu aktivieren, ihnen zu zeigen, wie es geht und DASS es geht."

Die Gespräche mit den Detroiter Aktivisten waren erschütternd. Motor City, eine Stadt, die durch das Ingenieurwesen groß wurde, bringt heute offenbar nicht einmal das Geld auf, um die Bevölkerung mit einfachen Gärtnerwerkzeugen zu versorgen. Die unverrottbare Hinterlassenschaft, tausende Altautoreifen, verhelfen zum Start in ein neues, postfossiles Zeitalter.

Permakultur-Tipp: Solartrockner zum Selberbauen

Bernhard Gruber

{ **Bau** eines Solartrockners im Rahmen eines Seminars von Bernhard Gruber }

{ **Fertig!** }

Eine Solartrocknungsanlage erlaubt auf schonende Weise und ohne Strom- oder Treibstoffverbrauch, Erntegut durch Trocknen haltbar zu machen. Das betrifft zunächst Gewürz-, Tee- oder Arzneikräuter, aber auch Gemüse kann mit einer entsprechend leistungsfähigen Anlage rasch getrocknet werden. Für die Konstruktion sollte auf alle Fälle unbehandeltes Holz verwendet werden (z.B. 3-Schicht-Leimholzplatten), keine lackierten Platten, da mitunter über längere Zeit Lösungsmitteldämpfe abgegeben werden. Die Plattenzuschnitte können bereits im Baumarkt fachgerecht und exakt durchgeführt werden. Die Glasscheibe lässt man beim Glaser anfertigen. Ein gewisses schreinerisches Vorwissen ist notwendig, um die

Anlage zu bauen, da an dieser Stelle nur die grundsätzlichen Plandetails beschrieben werden können.

Materialbedarf

Alle Maße sind auf eine Glasscheibe von 128 x 60,5 cm ausgelegt, Holzleisten (z.B. aus Fichten- oder Buchenholz, unbehandelt, massiv) müssen vor Baubeginn noch nicht abgelängt (zugeschnitten) sein. Es geht bei der Materialliste auch um einen Anhaltspunkt für die benötigte Materialmenge. Die Glasscheibe sollte mindestens 3 mm stark sein, 5 bis 6 mm bieten mehr Bruchsicherheit.

Solarmodul L x B in cm, Plattenstärke ca. 15 mm:
1 Rückwand 138 x 60,5
2 Seitenteile 138 x 10
2 Leisten 63,5 x 5 x 1,5

Knie L x B in cm, Plattenstärke ca. 15 mm:
2 gleichschenkelige Dreiecke 30/30
1 Brett 60,5 x 30
1 Brett 60,5 x 28,5

Für 1 Trocknungssieb:
2 Leisten 63,5 x 5 x 1,5
2 Leisten 39,5 x 5 x 1,5
1 Rolle Fliegengitter

Deckel:
1 Brett 63,5 x 42,5 x 1

Ständerfuß:
2 Leisten 90 x 5 x 1,5
1 Leiste 66,5 x 5 x 1,5

Zusätzlich ein paar Leisten, um eine Auflage für die Glasscheibe zu basteln und für Abstandhalter zwischen den Trocknungssieben. Das **Solarmodul** besteht aus einem Glasteil, durch das die Sonne einstrahlt. Wie in einem Treibhaus wird die Luft erhitzt und steigt in dem Modul nach oben. Der Treibhauseffekt wird durch das Einlegen von schwarzem Tonpapier verstärkt. Alternativ kann man matte anthrazitfarbene bis schwarze Fliesen verwenden (Maße der Solaranlage gegebenenfalls auf die Fliesengröße anpassen, damit die Fliesen nicht zugeschnitten werden müssen). Schwarz eloxiertes Kupferblech vom Schlosser ist die hochwertigste Variante, man kann auch mit einem Bunsenbrenner oder Abflammgeräten das Holz oberflächlich verkohlen. Bitte kein Bitumen oder schwarze Farben bzw. Lacke verwenden, auch keine Kleber! Diese Materialien setzen ebenso Stoffe frei, die nicht in Lebensmittel gehören.

Die untere Öffnung des Solarmoduls wird mit einem Fliegengitter verschlossen (z.B. durch Tackern), damit keine Insekten oder grobe Partikel angesaugt werden. Die **Trocknungssiebe** bestehen aus Holzrahmen (genagelte, verschraubte oder verleimte Leisten, je nach schreinerischem Können), die mit einem Fliegengitter bespannt werden (hierauf wird das Trocknungsgut gleichmäßig verteilt). Edelstahlgewebe sind zum Bespannen auch möglich, jedoch kein Aluminium oder verzinktes Stahlgewebe verwenden, da die Pflanzensäuren Metalle herauslösen, die nicht verzehrt gehören!

Das Trocknungsgut wird je nach Anzahl der Trocknungssiebe ein- oder mehrschichtig auf das „Knie" gesetzt, aus dem bei Sonnenschein heiße, trockene Luft strömt. Mithilfe des Ständerfußes kann der Einfallswinkel optimiert wer-

den – möglichst senkrecht zur Sonne, um den höchsten Wirkungsgrad zu erhalten. Trocknungsgut sollte aus der Anlage entnommen werden, sobald es getrocknet ist, da Übertrocknen die Inhaltsstoffqualität mindert (Geruch, Geschmack, Farbe bzw. arzneiliche Wirkung verändern sich). Ist Gemüse oder Obst bei Sonnenuntergang nicht trocken, sollten die Scheiben beim nächsten Mal dünner geschnitten werden. Es ist in jedem Falle darauf zu achten, dass unzureichend getrocknete Lebensmittel nicht über Nacht durch Kondenswasserbildung

und Restfeuchte schimmeln. Verschimmeltes Material komplett vernichten bzw. auf den Kompost werfen – Schimmelgifte sind äußerst leberschädlich, da krebserregend, selbst in niedrigster Konzentration.

Es gibt viele verschiedene Bauarten einer Solartrocknungsanlage. Diese Variante ist eine einfache, die Anlage nimmt auf Balkon, Dachterrasse und beim Lagern, z.B. im Kellerabteil, relativ wenig Platz ein. Das Prinzip ist jedoch bei all diesen rein auf Solarenergie basierenden Systemen das gleiche. ◆

Permakultur-Tipp: Brotbacken

Inge Resch

Das Wichtigste beim Brotbacken ist die richtige Getreidemühle und der wichtigste Bestandteil einer Mühle ist ein Granitstein. (Quellen für Mühlen: www.getreidemuehle.com)

Zutaten für das Brot:
1/2 Trichter[1] Roggen
1/2 Trichter Emmerkorn
Salz
Kaltes Wasser nach Bedarf
20 g Hefe (1/2 Würfel) aus dem Reformhaus, 20 g selbstgemachter Sauerteig[2]

Brotgewürz aus dem eigenen Garten (Anis, Kümmel, Koriander, Thymian, Rosmarin)

[1] gefüllter Mühlentrichter, entspricht in diesem Fall einem Mengenverhältnis von 1:1

- Alles so lange vermengen, bis der Teig dicht ist, aber nicht fest. Das Ergebnis kann unterschiedlich sein, da sogar die Mondphasen Einfluss auf die Konsistenz nehmen.
- Man lässt den Teig mindestens 1 Stunde gehen, dann schlägt man ihn nochmals zusammen und lässt ihn ein zweites Mal ca. 20 Minuten gehen.
- Nun 4 Laibe formen, mit normalem Mehl einstäuben und am Blech nochmals gehen lassen.
- Bei 220 °C eine halbe Stunde, dann bei 150 °C nochmals eine halbe Stunde backen.
- Wenn man an die Unterseite der Brotlaibe klopft und es hohl klingt, sind sie fertiggebacken.

Unterschied zum Geschäft

Vollkornbrot im Handel wird oft einfach aus normalem Weißmehl hergestellt. Um den Vollkorncharakter zu vermitteln, werden zusätzlich Körner beigefügt.

Wichtig: Brotbacken ist einfacher als Kuchenbacken! Man benötigt nur Mehl/Wasser und Hefe. Nur Mut! Es ist ein wunderbares Erlebnis: frisches Brot auch am Wochenende – der schöne Duft im Haus, man bestimmt zudem selbst die Zutaten. Früher hatte jeder Bäcker seine eigene Brotmasse, heute bekommt jede Großbä-

ckerei die gleiche Basis und dadurch wirkt das Brot leblos.

Empfehlung für Österreich: Altausseer Natursalz, somit keine weiten Transportwege für Salz (im Gegensatz zu Himalayasalz).

[2] **Ein einfaches Sauerteig-Rezept**
100 g Mehl (am besten Roggenvollkornmehl) mit Wasser zu einem dickflüssigen Teig (etwa wie Waffelteig) verrühren. In einer Schüssel zugedeckt an einem warmen Ort etwa 24 Stunden stehen lassen. Dann wieder 100 g Mehl und entsprechend Wasser zugeben, gut einrühren und erneut etwa 24 Stunden stehen lassen. Weiter so verfahren, bis der Sauerteig backfertig ist (das kann einen bis sieben Tage dauern). Dass er backfertig ist, erkennt man an drei Kriterien:
- Er riecht deutlich säuerlich.
- Auf der Oberfläche hat sich Schaum gebildet.
- Wenn man einen Löffel voll Teig aus der Nähe genauer betrachtet, kann man unzählige winzige Bläschen erkennen.

Hat man seinen Sauerteig einmal hergestellt, stets einen Teil übrig behalten, um weiter Sauerteig zu produzieren, dazu die „Kultur" („Dampfl") am besten im Kühlschrank aufbewahren. ◆

Pflanzenlatein

Einleitung

Wissen Sie, wie die Blüte einer Salatpflanze aussieht? Wenn nicht, ist das kein Wunder, denn erst wenn man Saatgut gewinnen möchte, lässt man die Salatpflanze so lange wachsen, bis sie Blüten treibt. Im Supermarkt kaufen wir „Köpfe", die lange vor der Blütezeit geerntet wurden.

Wussten Sie, dass Tomaten, Auberginen (Melanzani) und Kartoffeln nah miteinander verwandt sind? Alle drei gehören zur botanischen Familie der Nachtschattengewächse, auch Solanaceae genannt, und zur Gattung Solanum. Während Tomatenpflanzen (Solanum lycopersicum) und Auberginenpflanzen (Solanum melogena) meist gesät und die oberirdischen Früchte geerntet werden, ist bei der Kartoffel (Solanum tube-

rosum) hingegen die als pflanzliches Speicherorgan unter der Erde liegende Knolle interessant – daher ist sie auch als „Erdapfel" bekannt. Man kann Kartoffelpflanzen über Samen, Stecklinge, Triebe und über die Kartoffelknolle selbst vermehren. Landen Kartoffeln absichtlich (oder versehentlich) im häuslichen Kompost, kann man oft schon drei Monate später die „neuen Kartoffeln" ernten. Kartoffeln, das wussten unsere Eltern und Großeltern, kann man „einkellern", d.h. lange genug lichtgeschützt lagern, damit man den ganzen Winter hindurch überlebenswichtige Kohlenhydrate zur Verfügung hat – das stammt aus einer Zeit, bevor man billige Importe aus fernen Ländern oder großflächigen Gewächshausplantagen zur Verfügung hatte.

Grundlagen und Pflanzen

Da die Sprache der Wissenschaft früher nicht Englisch, sondern Latein war, sind alle wissenschaftlichen Pflanzenbezeichnungen auch heute noch grundlegend in lateinischer Sprache anzutreffen bzw. „latinisiert", d.h. an Latein angelehnt. Die international eindeutige Artenbezeichnung besteht aus zwei Namensteilen, dem Gattungsnamen, z.B. Solanum, gefolgt von der Spezies (Art), z.B. tuberosum für die Kartoffel – die Form der Namensgebung ist mit unserem Nachnamen plus Vornamen zu vergleichen. Zu jeder lateinischen Bezeichnung gibt es oft viele verschiedene umgangssprachliche Pflanzennamen, die regional variieren können, z.B. Karotte, Möhre, Mohrrübe, Gelbe Rübe, Rübli oder Wurzel – und immer geht es um Daucus carota. Die Abkürzung ssp. steht für Subspezies, also eine Unterart, gefolgt von deren Bezeichnung; „L." steht für Carl von Linné als botanisches Autorenkürzel für einen der bedeutendsten Naturforscher und den Erfinder ebendieser „binominalen Nomenklatur".

Was viele Menschen auch nicht wissen: Es gibt eine Menge essbarer Wildkräuter, die wir nicht im Supermarkt oder beim Gemüsehändler je bekommen werden – vielleicht einfach, weil sie zu „gewöhnlich" sind oder als „Unkraut" betrachtet werden, z.B. Brunnenkresse, Gänseblümchen, Löwenzahn, Wegwarte, Scharbockskraut, Brennnessel, Sauerampfer, Birkenbätter, Lindenblätter, Giersch, Beinwell. Sie sind schmackhaft und können zu Salaten dazugegeben werden oder haben eine arzneiliche Wirkung. Im Laufe der Zeit sind durch Züchtungen hieraus die „Kulturpflanzen" entstanden.

Muttererde von Mutter Erde: Lebensgrundlage der Pflanzen

Erde oder „der Boden" enthält eine riesige Welt von kleinen Lebewesen. In einer Handvoll reifer Komposterde leben mehr Tiere, sogenannte Mikroorganismen, als es Menschen auf dem Planeten gibt. Jeder Boden hat seine Vor- und Nachteile und kann entsprechend verbessert und angepasst werden, sei es mit einer Gründüngungssaat oder mit natürlichen Bodenverbesserungsmitteln – ohne Notwendigkeit synthetischer Dünger. Nutzen Sie, wann immer möglich, vor Ort vorhandene organische Materialien und bestehendes Grün zur Verbesserung der Fruchtbarkeit des Bodens. Sackerden, z.B. aus dem Baumarkt, sollten so weit wie möglich gemieden werden. Meist steckt in diesen Erden viel „graue Energie" (rechnerisch betrachtete, kumulierte Energiemenge aufgrund von Herstellung, Transport, Lagerung, Verkauf, auch wichtige Größe für den sogenannten „ökologischen Fußabdruck"). Und welche Erdwesen halten sich schon gerne Monate oder Jahre in Plastiksäcken auf? Sofern man Erde zukauft, ist Landerde und Komposterde, lose geliefert, immer noch am besten. Überprüfen Sie die Herkunft und die Deklaration der jeweiligen Erden oder Substrate. Es gibt viele Produkte auf dem Markt die biozertifiziert sind und umweltschonend mit Torfersatz und anderen Stoffen aus natürlichen Ressourcen hergestellt wurden.

Der Kompost – vom organischen Abfall zum Nährstoffspender

Die Natur gibt uns in Sachen Kompostierung und Düngung den besten Anschauungsunterricht. Der Umwandlungsprozess lässt sich am besten in lichten Wäldern beobachten, wo Unmengen von abgestorbenem pflanzlichen und tierischen Leben durch natürliche Vorgänge in Pflanzennährstoffe und Humus umgewandelt werden. Das Ganze ist eine riesige Flächenkompostierung, an der unzählige Lebewesen beteiligt sind.

Der Kompostplatz sollte gut erreichbar und ein gepflegter Ort im Garten sein. Ein windgeschützter und beschatteter Standort ist ideal. Von Vorteil ist ein befestigter Zugang zum Kompost. Je nach Größe des Gartens wähle ich die Art der Kompostanlage und deren Größe. Habe ich nur ein Fensterbrett oder eine Balkonfläche zur Verfügung, eigenen sich ein oder mehrere Blumenkästen oder Blumentröge mit Untersetzern zur Humusherstellung. In kleineren Gärten reichen Kompostbehälter oder Kompostsilos aus (Komposthaufen eignen sich besser für größere Gärten.) Der Behälter sollte immer direkten Kontakt zur Erde haben, damit das Bodenleben in den Kompost einwandern kann. Praktisch ist der grüne, geschlossene Thermokomposter in verschiedenen Größen, in den die organischen Abfälle oben eingefüllt und unten durch eine Klappe als fertiger Kompost entnommen werden. Gittersilos werden am besten zu zweit mit Erdkontakt auf den Boden gestellt (zum Umschichten) und mit schwarzer, gelochter Folie eingekleidet, um die Wärme besser halten zu können. Damit der Kompost gleichmäßig und gut ausreift, wird er nach Bedarf umgeschichtet. Kompostsilos aus Holz/Holz, Holz/Metall oder Beton sind in vielen Varianten erhältlich. Verzichten Sie aber auf druckimprägnierte Hölzer. Anwendung wie bei Gittersilos.

Mit einem Deckel oder einer Vliesmatte wird der Kompost abgedeckt – als Schutz gegen Tiere und zur besseren Regulierung der Feuchtigkeit. Da die Kompostierung ein Umwandlungsprozess ist, der genügend Sauerstoff benötigt, dürfen keine luftdichten Gefäße verwendet werden, sonst wird aus dem Verrottungsprozess schnell ein Fäulnisprozess.

Auch ohne irgendwelche Starthilfen oder Zusätze ist es erstaunlich, wie schnell sich die unzähligen Klein- und Kleinstlebewesen im Kompost einfinden und ihre wertvolle Arbeit aufnehmen. Verschiedene Würmer wie Laubwurm, Rotwurm, Tigerwurm u.s.w. beschleunigen die Kompostierung. Man findet sie auf Grünflächen unter Steinen, auf der Wiese und auf Anfrage auch in Nachbars Komposterde.

Was wird kompostiert?

Grundsätzlich können alle pflanzlichen und tierischen Stoffe kompostiert werden. Wichtig ist eine gute Durchmischung der verschiedenen Reststoffe. Sie werden grob in zwei Gruppen eingeteilt:

1. Stickstoffreiches Material

Rüstabfälle von Gemüse und Obst, Schalen von Zitrusfrüchten und Bananen, Kaffeesatz, Teebeutel, Teekraut, Eierschalen, Reste von Speisen inklusive Fleisch (ohne Soßen), Käserinde, Fischgräten und auch kleinere Knochen. Mist und Einstreu von Pflanzenfressern, frisches, grünes Schnittgut von Sträuchern, Blumen und Rasen. Diese Materialien enthalten viel Wasser und Nährstoffe und müssen häufig gewendet werden, weil sie rasch zusammenfallen und dadurch die nötige Sauerstoffzufuhr vermindert wird. Unangenehmer Geruch und Fäulnis sind die Folge.

2. Kohlenstoffreiches Material

Dürre, abgestorbene Pflanzenreste wie Holzhäcksel und Späne, Stroh, Laubblätter und Sägemehl. Asche aus dem Holzofen (nur unbehandeltes Holz, also kein lackiertes oder imprägniertes) sollte sparsam im Kompost oder am besten direkt auf der Erde möglichst großflächig verteilt werden. Diese Materialien haben eine grobe Struktur mit guter Durchlüftung und lassen sich alleine nur schlecht kompostieren.

Was soll nicht kompostiert werden?

Alle Arten von Kunststoffen, Metalle, Steine und Glas. Mist und Einstreu von fleischfressenden Tieren, Katzen- und Hundekot und menschliche Fäkalien sollten aus hygienischen Gründen nicht kompostiert werden. Weiters sollten Stoffe wie Hobel- und Sägespäne von behandelten Hölzern, der Inhalt von Staubsaugersäcken nicht kompostiert werden. Karton und Zeitungen ohne Glanzpapier sollten sparsam und in kleinen Mengen zugeführt werden. Sie verrotten sehr gut, aber aufgrund ihres Gehaltes an Schwermetallen und anderen Schadstoffen (wie bei Asche auch) ist vor allem im kleinen Hausgarten davon abzuraten.

So wird kompostiert

Je kleiner das Kompostmaterial ist, desto größer ist seine Oberfläche und entsprechend schneller die Verrottung. Zerkleinert wird am besten direkt in der Küche mit dem Messer, im Garten mit der Schere oder der Hacke. Ideal ist eine Durchmischung zum Ansetzen mit 2/3 stickstoffreichem und 1/3 kohlenstoffreichem Material. Dazu kann vorteilhaft noch alter Kompost beigemischt werden. Je nach Feuchtigkeit und Art des verwendeten Materials muss mehr oder weniger umgeschichtet werden. Wird der Kompost zu trocken, einfach maßvoll gießen. Wer im kleinen Garten mit einem geschlossenen Thermokomposter arbeitet, sollte gut auf die Durchmischung beim Einfüllen achten und regelmäßig lockern und wenden. Ein Depot neben dem Komposter mit kohlenstoffreichem Material zum Vermischen bewährt sich. Der Kompost erreicht bei optimalen Verhältnissen im Innern eine Temperatur von etwa 60 °C. Im Winter sollte der Kompost zusätzlich gegen Kälte geschützt werden, damit er nicht durchfriert. Kokosmatten, Kompostvliese und Jutegewebe sind luftdurchlässig und dazu am besten geeignet.

Im Handel sind auch Kompostierhilfen, sogenannte Kompoststarter, erhältlich, die bei Bedarf verwendet werden können. Steinmehl kann als Geruchsbinder bei vernässten Komposten hinzugefügt werden. Diese Kompostierhilfen ersetzen aber keine der oben beschriebenen Maßnahmen.

Wie lange dauert die Kompostierung?

Reife Komposterde entsteht je nach Bewirtschaftung nach 6 bis 12 Monaten. Man erkennt den fertigen Kompost an der dunkelbraunen Farbe, der regelmäßigen Struktur und dem angenehmen Geruch nach frischer Walderde.

Verwendung von Komposterde

Kompost ist ein hochwertiger Mehrnährstoffdünger und die Gefahr von Überdüngung ist bei unsachgemäßer Anwendung gegeben (vor allem Phosphor ist in Gartenböden mehr als genügend vorhanden). Der Kompost ist je nach Alter und kompostiertem Material ein Nährhumus oder ein Dauerhumus. Wenn die Würmer aus dem Kompost ausziehen, ist ein nährstoffreicher Reifegrad erreicht und viele pflanzenverfügbare Nährstoffe vorhanden. Einjähriger und älterer Kompost fügt dem Boden zwar humusreiche Erde zu und verbessert die Bodenstruktur, aber sein Nährstoffgehalt ist gering (Dauerhumus). Je nach geplanter Kultur wird mehr oder weniger Kompost ausgebracht, zwischen 1 l/m^2 für schwachzehrende und 4 l/m^2 für starkzehrende Pflanzen. Bei Unsicherheiten hilft eine Bodenanalyse aus einem Labor.

Auf Seite 110 wird der Bau einer Wurmfarm beschrieben. Die Handhabung ist durch die austauschbaren aufeinandergestapelten Wannen praktisch. Der produzierte „Wurmtee" oder die über das Bokashi-Verfahren hergestellte Flüssigkeit (siehe Seite 131) sind – zusammen mit dem Herstellen von Kräuter- oder Pflanzenjauchen – geeignete Möglichkeiten, um Flüssigdünger biologisch herzustellen, wenn ein Hinzufügen von Humus nicht günstig oder zu mühsam ist.

Setzlinge am Fensterbrett

Der Standort sollte hell, am besten hinter dem Fenster sein. Als Faustregel gilt: je wärmer der Raum, desto heller der Standort. Ungünstig ist die Platzierung direkt auf einem Heizkörper. Wenn nicht anders möglich, schafft ein dickes Holzbrett dazwischen etwas Linderung, denn Stauwärme am Boden des Gefäßes fördert Pilzkrankheiten. Geradezu ideal für die Anzucht ist der Wintergarten, wo ausreichend Platz vorhanden ist und die Lichtverhältnisse optimal sind.

Geeignete Gefäße für ein Minigewächshaus

Flache Saat- und Pikierschalen, Holzkisten, Plastikdosen, Tonschalen und Töpfe usw. Vieles eignet sich zum Säen und Pikieren, wenn man die Phantasie etwas walten lässt. Die Gefäße müssen Löcher im Boden haben, damit das Wasser abfließen kann. Zwingend sind dabei wasserdichte Untersätze, um Wasserschäden zu vermeiden. Um ein günstiges Mikroklima mit genügender Luftfeuchtigkeit zu erreichen, werden die Gefäße mit Glas oder gelochter Folie überdeckt. Dabei sollte jederzeit für eine ausreichende Belüftung gesorgt werden.

Das Substrat

Als Erde eignet sich gesiebter Kompost vermischt mit gesiebter Gartenerde (eventuell mit Sand oder Perlit versetzt). Im Handel gibt es Ansaat- und Anzuchterde ohne Torf. Von erdlosen Materialien und Bewurzelung im Wasser ist abzuraten. Die Pflanzenwurzeln müssen sich dann später umgewöhnen, was ein Nachteil ist.

Anzucht und Pflege

Angezogen werden nur Pflanzen, die kälteempfindlich sind und aufgrund ihrer Kulturdauer bei uns nicht oder zu spät ausreifen wie Tomaten, Kürbisse, Zucchini oder Melonen. Aber auch verschiedene Gemüsesetzlinge, Salate, Blumen und Kräu-

ter können vorgezogen werden. Schon ab Ende Januar kann man mit Blumensamen mit langer Keimdauer beginnen. Die Samen werden in die vorbereitete Erde gesät und angedrückt. Danach wird mit einer feinen Brause befeuchtet und regelmäßig feucht gehalten und gelüftet. Samen von Lichtkeimern werden nur angegossen, diejenigen von Dunkelkeimern vor dem Gießen mit gesiebter Erde abgedeckt. Wie viel gießen? Bis der Samen keimt, regelmäßig gut feucht halten, sodass sich einzelne Tropfen an Glas oder Folie bilden. Nach dem Erscheinen der Keimblätter können die Wassergaben reduziert werden. Schimmelbildung ist dann ein Thema, wenn zu wenig gelüftet wird.

Das Pikieren

Sobald die Keimlinge die ersten beiden Blattpaare ausgebildet haben, werden sie pikiert. Sie werden vorsichtig mit einem Pikierholz oder einem breiten Kugelschreiber aus der Erde gehoben und tiefer wieder gepflanzt. An ihren Sprossen bilden sich weitere Wurzeln, sogenannte Adventivwurzeln. Die Pflänzchen werden schnell stärker und haben mehr Platz zum Wachsen.

Abhärten

Draußen im Frühbeet beginnt dann ab Mitte April die Abhärtephase mit der Vorbereitung auf die Auspflanzung. Dabei werden z.B. Tomaten oder Auberginen (Melanzani) an die kühleren Temperaturen gewöhnt, da sie absolut keinen Frost vertragen.

Und los geht's

Bei einigen Gemüse- und Blumenarten stellt sich oft die Frage: Anzucht oder Direktsaat? Wer Probleme mit Schnecken hat, kann durch Vorkulturen Zeit gewinnen und die Schnecken so überlisten. Direktsaaten sind meist trockenresistenter. Probieren Sie es selber aus und machen Sie den direkten Vergleich.

Pflanzenjauchen können aus verschiedensten Wildkräutern hergestellt werden. Sehr gut eignen sich Brennnessel, Beinwell (Wallwurz) und großer Ampfer, aber auch Wurzeln und Kraut von Winden, Quecken, Giersch (Geißfuß, Baumtropfen) und sonstigen Pflanzen können so angesetzt, vergärt und dann verdünnt zu den Wurzeln gegossen werden. Das verstärkt neben der Düngung die Vitalkraft der Pflanzen. Zur Bindung des unangenehmen Geruchs kann man Steinmehl verwenden.

Hornspäne und Hornmehl sind ideale Stickstofflieferanten für kleine Gärten. Sie werden aus Hörnern und Klauen von Rindern gewonnen. Im Handel sind sie rein oder als Mehrnährstoffdünger mit organischer Substanz zu haben. Kaufen Sie nur 100 % organische biozertifizierte Produkte.

Hofdünger ist bei nährstoffarmen Böden sehr gut geeignet. Er kann Pferde-, Rinder-, Ziegen-, Schaf- oder Kaninchenmist enthalten, sollte aber nie frisch ausgebracht werden. Am besten wird er vorher mit anderem organischen Material gemischt, kompostiert und dann ausgebracht.

Steinmehl ist überall im Handel erhältlich, oft auch als Urgesteinsmehl. Es liefert Mineralien und Spurenelemente und ist ein beständiger Nährstofflieferant. Gleichzeitig ist Steinmehl auch ein Bodenverbesserungsmittel mit guten Eigenschaften gegen Pilzkrankheiten.

Wie schaffe ich ein optimales Umfeld?

Das Schaffen einer guten Ausgangslage und eines optimalen Umfeldes ist das Herzstück der permakulturellen Tätigkeit. Wie erkenne und gestalte ich die Standorte und die unmittelbare Umgebung für ein optimales Pflanzenwachstum? Welche Pflanzen fühlen sich wo am wohlsten und geben einen guten Ertrag? Der Ertrag ist dabei vielschichtig anzusehen. Er beinhaltet Essbares genauso wie eine begrünte Fassade oder Blumen für Insekten und Kleintiere. Wasser ist zwischen Häuserzeilen genug vorhanden, es muss nur entsprechend bewirtschaftet, sprich: gesammelt werden. Licht kann durch Ablenkung, z.B. mit reflektierenden Materialien, in dunkle Innenhöfe geleitet werden. Begrünte Fassaden, z.B. mit dem Wilden Wein (Parthenocissus tricuspidata ‚Veitchii') oder Baumefeu (Hedera helix ‚arborescens'), bieten einer Unzahl von Insekten bis zu Vögeln Futter und Nistgelegenheiten. Je vielfältiger der Lebensraum ist, desto mehr können wir auf die Unterstützung der Natur hoffen und zählen.

In Städten ist die Temperatur meist ein paar Grade erhöht. Das Speichern und Reflektieren der Wärme kann für empfindlichere Pflanzen genützt werden, wie die z.B. Feige, Zitrusfrüchte, Kiwi oder Andenbeere, welche unter milderen Klimabedingungen besser ausreifen.

Pflanzen helfen sich gegenseitig

Viele der Eingriffe, die in der konventionellen Landwirtschaft notwendig sind, um einen Ertrag zu erzielen (Stichworte „Spritzen" sowie „Agrochemie") und die in der Biolandwirtschaft durch biologische Mittel und Verfahren ersetzt werden, sind in der Permakultur nicht mehr erforderlich. Die Permakultur ist bestrebt, Biotope derart aufzubauen, dass die der industriell geprägten Monokultur inhärenten Schwierigkeiten gar nicht erst aufkommen. Pflanzen werden in einer Permakultur in Pflanzgemeinschaften zusammengelegt, in denen sich die Individuen einer Art gegenseitig schützen – kombiniert mit Pflanzen anderer Arten, sodass sich verschiedene Arten gegenseitig unterstützen. Eine übermäßige Ausnutzung des Bodens wird verhindert, Renaturierung gefördert und Krankheiten wie Schädlinge können sich nicht mehr in der Weise ausbreiten, wie dies bei Monokulturen die Regel ist. Statt gegen einzelne Teile der Natur zu kämpfen (z.B. Mehltau, Kartoffelkäfer), wird die Natur wie der Urwald als System verstanden, in dem sich die verschiedenartigen Bestandteile gegenseitig unterstützen, Symbiosen bilden. Kein Krieg mehr gegen …, sondern ein Zusammenarbeiten für ein gemeinschaftliches Leben und Überleben.

Im urbanen Permakulturgarten sind der Phantasie hinsichtlich Beetstruktur wenig Grenzen gesetzt, denn wir ernten manuell und müssen nicht mit Traktoren durch unsere Balkonpflanzungen pflügen. Probleme wie die in der Landwirtschaft gefürchtete Krautfäule an Tomaten und Kartoffeln sind zudem praktisch kein Thema, solange gesundes Saatgut, am besten eigenes oder im Tausch von Nachbarn und Freunden erworbenes, vorhanden ist. Nachfolgend ein paar Grundsätze, die beachtet werden sollten, damit sich die Pflanzen gegenseitig helfen und ergänzen können.

Gute Nachbarn helfen einander – schlechte Nachbarn nicht

Nicht alle Pflanzen fühlen sich in unmittelbarer Nachbarschaft wohl. So wie es Pflanzen gibt, die sich gegenseitig fördern, ist auch das Gegenteil möglich. Gerade auf dem Dachgarten, in Töpfen, Weinkisten und sonstigen phantasievollen Pflanzgefäßen ist die unmittelbare Nachbarschaft besonders zu beachten. Je größer, vielfältiger und besser vermischt das System wird, umso weniger muss dem Beachtung geschenkt werden. Hier sind die wichtigsten guten und schlechten Nachbarn aufgeführt. Als Faustregel gilt, dass verschiedene Pflanzenarten aus einer Pflanzengattung keine guten Nachbarn sind, z.B. die oben zum Teil bereits erwähnten Nachtschattenpflanzen (Solanum-Arten) Tomaten, Auberginen (Melanzani), Peperoni, Chilis und Kartoffeln. Kombinationen aus Pflanzen verschiedener Gattungen sind günstiger, sie sind weniger nah miteinander verwandt und haben daher unterschiedliche Ansprüche an die Bodenqualität, z.B. brauchen die einen Pflanzen einen stickstoffreichen Boden (Mais), die anderen reichern den Boden durch sogenannte Stickstofffixierung aus

der Luft (N_2) an, z.B. Bohnen oder Erbsen. Die Stickstofffixierung geschieht über sogenannte Knöllchenbakterien, die als Symbiosepartner an den Wurzeln der Pflanzen in knöllchenartigen Gebilden Leben und Stickstoff aus der Luft in verwertbares Nitrat umwandeln können.

Naturgegebener Pflanzenschutz und andere Symbiosen

Schadinsekten erkennen ihre Wirtspflanzen meistens am Duft, den sie ausströmen. In gemischten Pflanzungen stiften die verschiedenen Düfte Verwirrung bei den Störenfrieden und halten sie davon ab, relevante Schäden anzurichten. Verschiedene Pflanzen wirken antibakteriell oder können durch Wurzelausscheidungen, sogenannte Phytonzide, hemmend gegen Schadinsekten wirken oder unangenehme Düfte durch Ausdünstung entwickeln. Blütenstauden mit langen Blütezeiten und guter Tracht ziehen Insekten an. Andere Pflanzen fördern wiederum die Keimfähigkeit der Saat ihrer Nachbarn.

Nachfolgend eine Auflistung von Kombinationen, die förderlich sind oder besser vermieden werden sollten:

Gute Nachbarn
- Bohnen und Bohnenkraut
- Gurken und Dill
- Kohlarten und Tomaten, Sellerie, Bohnen oder Ringelblumen
- Karotten und Zwiebeln oder Lauch
- Knoblauch und Erdbeeren, Salat oder Gurken

Schlechte Nachbarn
- Erbsen und Bohnen oder Lauch
- Kopfsalat und Rote Rüben (Rote Beeten, Randen) oder Sellerie
- Schnittlauch und Petersilie
- Sellerie und Kartoffeln
- Tomaten und Kartoffeln oder Gurken
- Zwiebeln und Bohnen oder Kohl

Wirkungen von Pflanzen aufeinander

Pflanze aus der „Apotheke der Natur"	Wirkung	In Nachbarschaft mit Nutzpflanzen
Borretsch	Fördert die **Bestäubung** und zieht Insekten an	Zucchini, Gurken
Brennnessel, Kapuzinerkresse	Gegen **Blattläuse**, fördert die allgemeine Gesundheit	Bäume, Obstbäume, Beeren (auf Baumscheiben)
Knoblauch	Hemmend gegenüber **Bakterien** und **Pilzen**, gegen echten **Mehltau**	Erdbeeren, Rosen
Kren (Meerrettich)	Gegen **Kräuselkrankheit**	Pfirsich
Pfefferminze	Gegen echten **Mehltau**	Weinreben
Tagetes	Hemmt schädliche Fadenwürmer bei Pflanzen (Nematoden) und **Viren**	Kartoffeln, Kohlarten
Wermut	Gegen Säulenrost	Ribisel (Johannisbeeren)
Beinwell, Topinambur, Knoblauch, Kaiserkrone	Ablenkpflanzen gegen **Wühlmäuse**	Obstbäume
Kerbel	Gegen **Läuse**	Salate
Rainfarn	Gegen **Ameisen**	Gemüse, Rosen

Es folgen einige Porträts von Pflanzen, die sich als Nutzpflanzen im urbanen Bereich eignen. Wir haben sie nach Bekanntheitsgrad und geschmacklicher Ausrichtung sortiert.

Die Bekannten

Salate (verschiedene Gattungen) sind einfache, ideale Kulturen zum Starten und gedeihen gut in allen Erden und Gefäßen. Sie begeistern mittlerweile mit einer unglaublichen Vielfalt an Formen und auch Farben. Ihre Kultur beginnt schon im Februar in ungeheizten Räumen oder unter Glas und sie werden vorteilhaft in mehreren Phasen über das ganze Jahr verteilt indirekt oder direkt gesät, pikiert und geerntet (Pikieren bedeutet im Gartenbau das Verpflanzen von zu dicht stehenden Jungpflanzen zusammen mit einem Ballen Muttererde). Selbst angebauter Salat kann in dieser Frische und Bioqualität kaum irgendwo käuf-

lich erworben werden. Nachstehend eine Übersicht zu den Sorten:

- **Kopf-, Pflück-, Schnittsalate**, z.B. Spargelsalat (nicht etwa ein Salat aus Spargel, sondern eine Salatpflanze, Lactuca sativa angustana Vilm. Dieser Etagensalat wächst platzsparend).
- **Endivien-** und **Zichoriensalate** wie Radicchio, Chicorée und Zuckerhut (verträgt mehrere Grade unter null). Diese Salate sind eher bitter.
- **Feldsalat** kann als Herbst-/Winterkultur leicht abgedeckt regelmäßig (über den Winter) geerntet werden.

Tomaten (Lycopersicum esculentum) sollten in keinem Nischengarten und auf keinem Balkon fehlen. Sie gehören zu den beliebtesten Naschereien im Garten. Es gibt viele interessante Züchtungen und alte Sorten. Von Cherry- über Busch- und Fleischtomaten, von gelb, orange, rot bis schwarzgrün gibt es viele Geschmacksrichtungen und Variationen. Säen Sie die Tomaten ab März drinnen auf der Fensterbank, pikieren Sie rechtzeitig und härten Sie sie draußen bei wärmeren Temperaturen eventuell unter Folie ab. Tomaten lieben nährstoffreiche Böden und können über Jahre am gleichen Standort in derselben Erde stehen, was recht ungewöhnlich ist.

Kartoffel (Solanum tuberosum), sie ist eine ideale Einsteigerkultur. Kartoffeln bereiten den Boden für nachfolgende Gemüsekulturen vor und haben eine recht kurze Kulturdauer von ca. 100 Tagen. Auf dem Balkon können Kartoffeln in Hasengittereinfriedungen angebaut werden (siehe Tipp Seite 72). Das Kartoffelkraut wächst dann hinaus und schrittweise kann das hochwachsende Kraut innen mit Gartenabfällen oder Erde aufgefüllt werden. Erhältlich sind viele Sorten mit unterschiedlichem Geschmack.

Mangold (Beta vulgaris) ist eine feste Größe im Garten und wirkt mit Sorten, die gelbe und rote Stiele hervorbringen, sehr dekorativ. Verwendet werden die fleischigen Stiele und spinatähnlichen Blätter. Ausgesät wird ab Mitte April bis Juni in gut mit Kompost versetzte Erde. Die Ernte kann schrittweise erfolgen, indem man einzelne Stiele entfernt oder die ganze Pflanze abschneidet. Der Mangold kann auch mit Folie geschützt überwintert und beerntet werden und geht im zweiten Jahr (für die Samengewinnung) in Blüte.

Gurken (Cucumis sativus) zählen in vielen Pflanzenecken zur Standardausstattung. Die Sortenvielfalt reicht von Essig- über Feld- bis Schlangengurken. Die Aussaat erfolgt Ende April an einem warmen, hellen Platz. Ausgepflanzt wird Mitte Juni in reichlich Komposterde; sie müssen ausreichend feucht gehalten werden. Weil die Gurke vertikal gezogen werden kann, ist sie für kleine Grünflächen interessant und wirft zudem gute Erträge ab.

Kürbisse (Cucurbitae verschiedener Sorten, Pflanzengattung aus der Familie der Kürbisgewächse) sind dekorativ und einfach zu verarbeiten. Wenn sie ausreichend mit Nährstoffen versorgt sind und genug Wasser haben, ist ihre Kultur einfach. Die Aussaat erfolgt ab Mitte April, Auspflanzen nach den Eisheiligen (Bauernregel, d.h. nach dem 15. Mai). Für den Balkon gibt es zahlreiche kleinfruchtige Sorten, die gut vertikal gezogen werden können. **Zucchini** (Cucurbita pepo) haben die genau gleichen Ansprüche wie Kürbisse.

Küchenzwiebeln (Allium cepa, Schalotten) eignen sich für den Anbau auf dem Balkon besser als Speisezwiebeln. Sie werden im März oder Herbst gesteckt und im Sommer geerntet. Als Schwachzehrer haben sie keine besonderen Ansprüche. **Etagenzwiebeln** (Allium x proliferum) sind eine interessante botanische Errungenschaft und als Balkongemüse sehr gut geeignet. Sie bilden Brutzwiebeln in Etagen; diese wachsen munter weiter. Geerntet werden sowohl die Zwiebeln wie auch das frühe Laub. Etagenzwiebeln sind absolut winterhart und mehrjährig. **Bundzwiebeln** (Allium fistulosum), auch Winterheckenzwiebeln genannt, sind frosthart, mehrjährig und werden wie Schnittlauch geerntet.

Feuerbohnen (Phaseolus coccineus) werden hier neben Busch-, Stangenbohnen und anderen Sorten, die zum Ausprobieren einladen, speziell erwähnt. Feuerbohnen sind wüchsig und robust und gedeihen in Böden mit wenig Nährstoffen. Gerüste und Pergolen können äußerst dekorativ und schnell bepflanzt werden. Die Hülsen kann man jung genießen. Im Herbst erntet man die Bohnen, die in Suppen und Salat gegessen sowie zur Aussaat verwendet werden. Im Boden entstehen knollenförmige Verdickungen, die entweder im Keller überwintert oder sofort gegessen werden.

Die Unverzichtbaren

Kapuzinerkresse (Tropaeolum majus) ist eine unverzichtbare vielseitige Begleiterin und sollte in keinem Naturgarten fehlen. Mit ihren schildförmigen, leicht fleischigen Blättern und den leuchtend rot über orange bis gelben Blüten ist sie eine Augenweide. Sie kriecht breitflächig oder rankt sich meterweit an Zäunen und Rankhilfen hoch. Tropaeolum majus wird ab März warm in Töpfen vorgezogen oder ab Mai direkt ausgesät. Ob Blätter, Blüten, Knospen oder Samen – alles ist genießbar. Die grünen geschlossenen Knospen können als Kapernersatz in Essig eingelegt werden.

Borretsch (Borago officinalis) oder Gurkenkraut ist eine dankbare Pflanze und ein stiller Begleiter im Nutzgarten. Einmal ausgesät, gewachsen, geblüht und selbst vermehrt ist er immer wieder da. Seine jungen Blätter und die zahlreichen azurblauen Blüten können laufend geerntet werden und passen vorzüglich zu Salatgerichten. Versetzen lässt er sich wegen der langen Wurzeln nur im Frühstadium an einen passenderen Ort. Es gibt auch eine mehrjährige Form des Borretschs (Borago pygmaea).

Ringelblumen (Calendula officinalis) sind sehr alte Gartenpflanzen und weit verbreitet. Sie sind nicht winterhart, bilden aber eine Vielzahl von Samen und sind äußerst keimfreudig. Die Ringelblume eignet sich hervorragend für Mischkulturen sowohl als Zier- wie auch als Heilpflanze (z.B. Ringelblumensalbe als Wund- und Heilsalbe). Blüten wie Blätter können in Salaten gegessen werden.

Die Würzigen

Winterkresse oder Barbarakraut (Barbarea vulgaris ssp. vulgaris) ist eine ideale Kultur für den Einsteiger. Sie ist unkompliziert, ergiebig und geschmackvoll. Wild kommt sie an feuchten Uferböschungen vor und bildet Rosetten. Die Aussaat erfolgt ab März und im Hochsommer. Ab Herbst und durch den Winter hindurch können die jungen Blätter bis zum Blütezeitpunkt gesammelt werden. Die Samen dieser zweijährigen Pflanzen können wie Senfsamen zum Senfherstellen verwendet werden. Ähnliche Vertreter für schmackhaften Wildsalat sind die **Echte Brunnenkresse** (Nasturtium officinale) und die **Wilde Brunnenkresse** (Cardamine amara).

Rucola, Salatrauke (Eruca sativa), ist eine aromatische und pikant schmeckende Pflanze in Salat oder als erfrischende Beilage für Vorspeisen. Rucola eignet sich sehr gut als Balkongemüse und kann ab April direkt ausgesät werden. Wiederholt man das Aussäen alle zwei bis drei Wochen, erhält man eine durchgehende Ernte. Die Wildform der Salatrauke hingegen ist mehrjährig und leicht zu überwintern. Die Blätter sind schmaler und der Geschmack intensiver.

Oregano (Origanum vulgare) ist weniger aromatisch als der Echte Majoran (Origanum majorana), dafür mehrjährig. Er kann in der Küche vielseitig als Gewürz eingesetzt werden und wirkt verdauungsfördernd. Da er keine besonderen Ansprüche stellt, breitet er sich nach einer erstmaligen Aussaat von selbst aus. Oregano ist eine sehr gute Bienenweide und deshalb sollte man immer Blütenstände stehen lassen.

Petersilie (Petroselinum crispum) gehört zu den nützlichsten Allroundern unter den Würzigen. Am meisten verbreitet sind die glattblättrige und die krause Petersilie. Damit immer genügend Nachschub vorhanden ist, wird am besten in mehreren Durchgängen angesät, das erste Mal zum Frühlingsanfang. Sie kann direkt ins Beet oder zuerst in Töpfe gesät und anschließend ausgepflanzt werden. Nie pikieren, denn die Wurzeln wollen nicht gestört werden.

Schnittlauch (Allium schoenoprasum) sollte im Hausgarten immer in genügender Menge vorhanden sein. Einmal im Garten vorhanden kann der Schnittlauch durch Teilung rasch weiter vermehrt werden. Regelmäßiger Schnitt (büschelweise) regt das Wachstum an.

Basilikum (Ocimum basilicum). Wer Tomatenpflanzen sein Eigen nennt, kommt um Basilikum nicht herum. Die erste Aussaat kann früh im März hinter dem Fenster erfolgen. Wie bei der Petersilie wird Basilikum am besten in mehreren Durchgängen während des Jahres angesät. Tomaten und Basilikum haben ähnliche Kulturansprüche: Viel Sonne, reichlich Wasser und einen fruchtbaren Boden. Lässt man eine Pflanze in die Blüte gehen, wirft Basilikum reichlich Samen für das nächste Jahr ab. Es gibt sehr viele verschiedene Arten von Basilikum, die meisten mit rustikalerem Geschmack. Wir bevorzugen gewöhnliches, groß- oder kleinblättriges Ocimum basilicum. Herrlich die Pestos, die daraus gemacht werden können!

Rosmarin (Rosmarinus officinalis), **Thymian** (Thymus vulgaris und andere Arten), **Lavendel** (Lavandula officinalis und L. angustifolia) gehören zu den Sonnenanbetern an trockenen Standorten. Sie stehen gerne frei und wünschen die wärmsten, sonnigsten Plätze, damit sie die wertvollen ätherischen Öle voll entwickeln können. Sie sind unverzichtbar für die mediterrane Küche und haben sich auch bei uns etabliert. Oft findet man ihre Wirkstoffe in Kosmetik und Körperpflege. Gleichzeitig sind sie hervorragende Bienenweidepflanzen.

Salbei (Salvia officinalis) ist neben seinen Eigenschaften als Gewürzpflanze auch in dekorativen, bunten Formen erhältlich. Ein normaler durchlässiger Gartenboden an sonniger Lage genügt als Standort. Salbei kann mit Stecklingen im Sommer oder mit bewurzelten Ausläufern vermehrt werden. Geerntet zum Trocknen wird Salbei im Sommer (wie auch alle anderen verholzten Kräuter).

Radieschen (Raphanus sativus) gelingen als Kultur sehr einfach in leicht mit Kompost angereichertem Boden. Sie sind in vielen verschiedenen Sorten von rundlich bis lang erhältlich und können schon ab Ende Februar erstmals gesät werden. Durch kontinuierliche Aussaat kann regelmäßig geerntet werden. **Rettich** (Raphanus) kann ideal als Nachkultur noch im September gesät werden und ist schon nach drei bis vier Wochen erntereif. Je länger er im Boden bleibt, desto holziger und schärfer wird er.

Die Wilden

Ampfer (Rumex, verschiedene Arten) kommt vielerorts auf eher feuchten Böden vor. Er kann sehr gut kultiviert werden und liefert schon früh frisches Blattgrün ab. Der Geschmack ist fein säuerlich und ideal als belebendes Frühlingsgemüse. Ansaat ab März in Mischkultur ist genauso möglich wie Teilung im Frühling oder Herbst.

Brennnesseln (Urtica dioica) sind unheimlich vielseitig verwendbare Pflanzen. Sie wachsen überall, lieben aber eher stickstoffreiche Böden. Am besten werden sie durch Wurzelableger in einer Gartenecke gepflanzt. Der Jungaustrieb der Brennnesseln kann als Salat gegessen werden; sie dient als Grundlage für Teemischungen, biologischen Dünger, Spritzbrühen und als Mulchkraut. Als Wildkraut dient sie Schmetterlingen als wichtige Nahrungsgrundlage.

Beinwell (Symphytum officinale) ist wie die Brennnessel im Garten ein essenzielles Kraut. Einmal gepflanzt durch Teilung in frischen, tiefgründigen Boden ist er ein fest verankerter Teil des Gartens. Blätter können als Salat geschnitten oder getrocknet werden. Mehrmals im Jahr kann sein üppiges großes Blattwerk geschnitten und zum Mulchen oder für Jauchen verwendet werden. Bei Obstbäumen fühlt er sich wohl und dient als Ablenkpflanze für Wühlmäuse.

Gartenmelde (Atriplex hortensis) ist eine schmackhafte Pflanze für Salate und als Spinatersatz. Sie kann bis 1,5 m hoch werden, mit grünen wie auch roten Stängeln und Blättern. Neben der reichlichen Ernte bringt die rote Gartenmelde Farbe und Fülle in den Garten. Sie ist einjährig und breitet sich durch Selbstaussaat gerne weiter aus. Die jungen Pflänzchen können dann stehen gelassen, umgepflanzt oder entfernt werden. Ähnlich der Gartenmelde präsentiert sich der **Baumspinat** (Chenopodium giganteum), der, wie sein Name andeutet, bis zu 3 m hoch wächst und direkt verwendet wird. Ebenfalls in die Familie der Gänsefußgewächse gehört der **Echte Erdbeerspinat** (Chenopodium foliosum). Interessant bei dieser Pflanze sind die kugeligen, maulbeerartigen roten Früchte. Sie schmecken süßlich und eignen sich sehr gut zum Essen und Dekorieren.

Sommerportulak (Portulaca oleracea) ist weniger bekannt, liefert aber bessere Erträge als der Feldsalat, mit fleischigen Blättern und nussigsäuerlichem Geschmack. Er wird von Mai bis August angesät und ist nach vier bis fünf Wochen erntereif. Er eignet sich als Zwischenfrucht oder Nebenkultur und kann sehr gut in Gefäßen kultiviert werden. Der **Winterportulak** (Montia perfoliata), die Wildform des Portulaks, ist eine frostharte Winterkultur bis −20 °C, die im Spätsommer bei zunehmend kühleren Temperaturen gesät und durch den Winter geerntet wird. Lässt man sie im Frühjahr in Blüte gehen, sät sie sich gerne selbst aus, was ja durchaus erwünscht ist.

Malve (Malva sylvestris) ist mit ihren rosafarbenen Blüten sehr hübsch anzusehen, zwei- oder mehrjährig und wird bis 1 m hoch. Sie wird durch Aussaat im Frühling oder durch Stecklinge im Spätsommer vermehrt und gedeiht in normalem, eher trockenem Boden. Die jungen Blätter können im Frühling für Salate und die Blüten, im Sommer geerntet und getrocknet, für Hustentee verwendet werden.

Die Süßen

Andenbeeren (Physalis peruviana) bevorzugen geschützte warme Standorte, damit ihre Früchte gut ausreifen. Trotz ihrer exotischen Herkunft sind sie sehr gut zu kultivieren. Ausgesät werden sie mit den Tomaten und brauchen viel Wärme von Anfang an. Die Andenbeere liebt warme Nächte und kann mannshoch werden. Die Früchte sind beerenartig, glatt und rundlich. Warum erwähnen wir sie bei den Süßen? Kinder lieben die süß-säuerlichen Köstlichkeiten in den blasenartigen Hüllen zum Naschen. Eine weitere Physalis-Art ist die **Erdkirsche** (Physalis pruinosa). Sie schmeckt ananasähnlich und wächst niedrig und buschig.

Erdbeeren (Fragariae verschiedener Arten und Kreuzungen): Bei den vielen Sorten gibt es wohl keine andere Frucht, bei der süßer, saftiger Genuss und enttäuschende Wässrigkeit so nahe beieinanderliegen. Walderdbeere und Monatserdbeere sind die süßesten Vertreter und ständige Begleiter im Gartenjahr, sie können überall als Beipflanzung wachsen. Bei den Züchtungen sucht man sich am besten eine persönlich gut schmeckende, ältere, robuste Sorte aus und kultiviert und vermehrt sie über Ableger selbst. Ob im Sack an der Hauswand, im Topf oder als Ampelpflanze, überall gelingt ihre Kultur relativ einfach in genügend mit Kompost angereicherter Erde.

Himbeeren (Rubus idaeus) sind als Kulturform eine geschätzte Delikatesse. Zwischen den vielen Sorten sind die geschmacklichen Unterschiede deutlich kleiner als bei Erdbeeren. Es gibt Sommer- und Herbsthimbeeren, wobei Letztere am Jahresende über dem Boden abgeschnitten werden. Sie stehen gerne frei oder im lichten Schatten. Ein kompostreicher, mit Kleinhäckselgut und Lauberde ergänzter Boden macht aus jeder Sorte geschmackvolle Beeren. Vermehrt wird durch Wurzelausläufer. **Brombeeren** (Rubus fruticosa) haben ähnliche Ansprüche an Standort und Boden wie die Himbeere. Wer bereits wuchernde Pflanzen im Hinterhof hat, kann diese ausdünnen, mit Kompost stärken und düngen. Die Beeren werden sofort deutlich größer und geschmackvoller. Brombeeren gibt es auch ohne Dornen und sie werden durch bewurzelte Ableger vermehrt. Beide Rubus-Arten können im Gegensatz zur Erdbeere als ganze Beeren problemlos tiefgefroren und lange haltbar gemacht werden. Gepflanzt und vermehrt wird im Winterhalbjahr im frostfreien Boden.

Johannisbeeren (Ribes rubrum; Ribisel): Man hat sie gerne oder nicht. Johannisbeeren tragen regelmäßig reichlich Früchte und können als Sträucher bei wenig Pflege Generationen überdauern. Die Sortenwahl ist wenig relevant. Sie können sowohl freistehend als Strauch wie auch an Gerüsten und Fassaden gezogen werden und bevorzugen einen Standort im lichten Schatten. **Stachelbeeren** (Ribes uva-crispa) haben sehr ähnliche Ansprüche. Beide Beerenarten können gut vegetativ durch Stecklinge vermehrt werden. Ihren aparten Geschmack muss man sich beim Ablesen zwischen den Stacheln erst verdienen.

Heidelbeeren (Vaccinium corymbosum) gehören zu den beliebtesten Naschfrüchten. Schnell sind die Früchte an den Naturstandorten der **Waldheidelbeere** (Vaccinium myrtillus) von Tier oder Mensch abgeerntet. Ihre Standortansprüche unterscheiden sich von denen anderer Beerenarten, da sie ein saures Milieu bevorzugen. Angeboten werden Heidelbeersträucher meist in sauren Containersubstraten mit Torf. Um das Anwachsen zu begünstigen, sollte das Substrat aus den Wurzeln ausgewaschen werden. Das Pflanzloch wird genügend breit und tief ausgehoben und die ausgehobene Erde gut durchmischt, wahlweise mit Materialien wie Sägemehl, Nadelholzhäcksel, Nadeln und Zweige vom Christbaum oder Lauberde vom Haselstrauch. Das ermög-

licht bei ausreichender Feuchtigkeit ein zügiges Anwachsen und verhindert den Pflanzschock.

Die Fruchtigen
Schwarzer Holunder (Sambucus nigra) ist eine heimische Pflanze, die in keinem Garten fehlen sollte. Vögeln, Bienen und vielen anderen Insekten dient er als Nahrung und Spender von Blütensäften. Blüten und die bitter-säuerlich schmeckenden Früchte sind vielseitig verwendbar, allerdings erst nach Verarbeitung.

Kiwi (Actinidia chinensis) wird hier als exotische Pflanze besonders erwähnt, weil sie starkwüchsig und robust ist und zur Begrünung von Hauswänden genutzt werden kann. Gerade in Innenhöfen von Häuserreihen mit ihrem speziellen Mikroklima reifen ihre Früchte gut aus. Mit dem Bypassverfahren nach Sepp Holzer können Kiwis mittels Ableger von einer Balkonkiste zur anderen gezogen werden. Jeder pflegt, wässert, ernährt und erntet dann selber seinen Balkon oder tauscht aus. Ein gutes Beispiel dafür, wie Pflanzen nachbarschaftlich verbindend wirken.

Weinreben (Vitis vinifera) gehört der sonnigste und wärmste Standort im urbanen Garten. Am liebsten von Steinen und Mauern als Wärmespeicher umgeben und vor dem Regen geschützt. Gepflanzt werden nicht die optisch schönsten Trauben, sondern diejenigen, welche dem jeweiligen Klima am besten angepasst sind. Am besten lässt man sich über die Vielzahl der erhältlichen Sorten beraten.

Obst in seiner ganzen Vielfalt findet immer öfter den Weg in Töpfe, Tröge und Nischen. Ob Kernobst wie Apfel und Birne oder Steinobst wie Zwetschgen, Kirschen, Pfirsiche, Nektarinen, Aprikosen (Marillen) – alles kann gepflanzt werden. Mittlerweile gibt es viele klein- oder schwachwüchsige Baumformen, die spindel-, säulenförmig oder pyramidal wachsen. Obstbäume gepflanzt in beschränktem Wurzelraum erfordern mehr Beachtung und sollten gut mit Nährstoffen versorgt werden. Neben einem möglichst optimalen Standort sind Mischkulturen mit Blumen und Gemüse sehr hilfreich.

Wildobst ist züchterisch wenig oder gar nicht verändert worden und seine Früchte können roh gegessen oder verarbeitet werden. Die verschiedenen Arten bieten Bienen, Insekten, Kleintieren und Vögeln Schutz, Nahrung und Nistmöglichkeiten. Zum Rohverzehr geeignet sind Felsenbirne, Apfelbeere, Maibeere und Maulbeere. Zu Säften, Likören und Konfitüren verarbeitet werden Kornelkirsche (Dirndl), Sanddorn, Holunderbeeren, Gemeine Berberitze, Mispel, Wildapfel oder Schlehdorn. Beachtlich ist der hohe Vitamingehalt der verschiedenen Früchte, welcher oft um ein Vielfaches über dem Wert der jeweils artverwandten gezüchteten Obstarten liegt.

Die Blumigen

Die Blumigen werden hier nur kurz erwähnt, denn ihr Reichtum und ihre Fülle ist hinsichtlich Blütenformen, Farbenpracht und Düften schier endlos.

Einjährige Sommerblumen wie Sonnenblume, Mohn, Studentenblume, Kornblume oder Jungfer im Grünen blühen dauerhaft und erfreuen das menschliche Auge und die Bienen den ganzen Sommer über. **Zweijährige** Vertreter wie Königskerze, Nachtkerze, Wolldistel, Muskatellersalbei, Bartblume oder Goldlack bilden im ersten Jahr meist grundständige Rosetten und blühen im zweiten oft imposant und üppig. Die dritte Gruppe unter den krautigen Pflanzen bilden die **mehrjährigen** bzw. Stauden. Pfingstrosen, Lupinen, Astern, Rittersporn und Margeriten liefern

Blütenpracht über mehrere Jahre. Je nach Platz, Lust und Laune kann aus dem vielfältigen Sortiment der verholzten Pflanzen ausgewählt und gesetzt werden. Beachtet werden sollte stets der Wert von Zierpflanzen in puncto Lebensraum und Nahrung für Insekten und Kleintiere und möglichen positiven Auswirkungen für Nutzpflanzen.

Essbar sind z.B. die **Blüten** von Borretsch, Duftveilchen, Färberkamille, Gänseblümchen, Kapuzinerkresse, Löwenzahn, Ringelblume, Rose, Stiefmütterchen, Schnittlauch.

Eigenes Saatgut

Saatgut sollte so weit wie möglich selbst geerntet oder mit Nachbarn und Freunden ausgetauscht werden. Zum Starten empfehlen wir als Bezugsquelle von Saatgut und auch Jungpflanzen die Adressen im nun folgenden Kapitel Elfen, Heinzelmännchen & Gnome. Es handelt sich dabei um durchgehend biologisch zertifiziertes Saatgut und ein sehr breites Sortiment. Die Produktion von eigenem Saatgut muss geplant und verstanden werden. Zum Ernten von Samen sind Basilikum, Dill, Kapuzinerkresse oder auch Sommerblumen einfach. Viele Gemüsearten blühen erst im zweiten Jahr und müssen entsprechend kultiviert werden. Samengewinnungskurse, die vielerorts angeboten werden, helfen weiter. Verholzende Pflanzen werden durch Samen oder vegetativ vermehrt.

Hinweis: Achten Sie beim Kauf von Saatgut auf reproduzierbare Sorten, welche selber brauchbares, echtes Saatgut liefern, und berücksichtigen Sie alte Sorten und Wildformen.

Wir wünschen viel Erfolg beim Planen, Experimentieren, Säen, Pflegen und Ernten!

Elfen, Heinzel-männchen & Gnome

Saatgut, Pflanzen und anderes Nützliche für eine urbane Permakultur

Viele Bezugsquellen wurden in den vorigen Kapiteln schon genannt. Die Auflistung hier versteht sich als Empfehlung und erhebt keinen Anspruch auf Vollständigkeit.

Name	Typ	Beschreibung
Österreich **Arche Noah** Gesellschaft zur Erhaltung der Kulturpflanzenvielfalt und ihre Entwicklung www.arche-noah.at http://netzwerk.arche-noah.at	Gemeinnütziger Verein, Schaugarten	Saatgut von hunderten seltenen Sorten erhalten und verfügbar machen, Samentausch, Fachliteratur, Workshops, Vorträge, Magazin, Sortenhandbuch
Österreich **Reinsaat KG** www.reinsaat.at	Saatguthersteller	Gemüse-, Kräuter- und Blumensaatgut aus biologisch-dynamischem und organisch-biologischem Anbau; Online-Versandhandel
Österreich **Ochsenherz Gärtnerhof** www.ochsenherz.at	Landwirtschaftlicher Betrieb, versorgt 200 Menschen mit Gemüse	Saatgut und Jungpflanzen für Fruchtgemüse, Wurzel-gemüse, Blattgemüse, Kräuter, Getreide, Blumen und Gründüngung für den Hausgarten, Demeter-Qualität
Deutschland **Bingenheimer Saatgut AG** www.bingenheimersaatgut.de	Hersteller ökologischen Saat-gutes	Saatgutproduktion, -aufbereitung und -abfüllung; Online-Versandhandel
Deutschland **Magic Garden Seeds** Andreas Fái-Pozsár www.magicgardenseeds.de	Saatgutversandunternehmen	Saatgut alter Gemüsesorten, spezielle Sämereien, auch Exoten (nicht bio!)
Deutschland **Biogartenversand OHG** Hof Jeebel www.biogartenversand.de	Bioland-Hof	Alles biologisch; Pflanzgut, Pilzbrut, Biosaatgut, Gartengeräte, biologischer Pflanzenschutz, Online-Versandhandel
Deutschland **Hartmann-Brockhaus** Lucia Hartmann-Brockhaus www.hartmann-brockhaus.de	Gartenbauunternehmen	Saatgut konventionell und biologisch, Vliese, Folien, Gartengeräte, Schutznetze, Fachbücher
Deutschland **Dreschflegel** Dreschflegel GbR, Dreschflegel e.V., Dreschflegel Schaugarten www.dreschflegel-saatgut.de	Zusammenschluss von 14 Biohöfen, gemeinnütziger Verein und Schaugarten	Online-Versand: Bio-Saatgut Verein: Züchtung und Erhaltung von Arten und Sorten
Schweiz **Sativa** Ökologisches Pflanz- und Saatgut www.sativa-rheingau.ch	Ökologisches Pflanz- und Saatgut	Demeter Betrieb, Sorten von ProSpecieRara; Saatgutgewinnung, Landwirtschaft und Garten, Online-Versandhandel
Sonstige Bezugsadressen		
www.pflanzentreml.de	Raritätengärtnerei in Arnbruck, Deutschland	
www.oeko-und-fair.de	Hofladen und Biobaumarkt in Gauting bei München, Deutschland – auch Anbieter von Permakultur-Planungsseminaren mit Erwin Zachl	

Fortbildung Permakultur

Die Kursangebote können sich kurzfristig ändern, weshalb die Angaben lediglich eine Momentaufnahme zum Zeitpunkt des Redaktionsschlusses darstellen.

Name	Typ	Angebot
Österreich **Krameterhof** Sepp Holzers Permakulturhof www.krameterhof.at	Erwerbsbauernhof im Lungau, Salzburger Land	1-jährige Fortbildung zum Permakulturpraktiker, Beginn im Mai, Ende im Dezember, jeden Monat vier Tage (Donnerstag bis Sonntag), in einem der Monate 1-wöchiger Auslandsaufenthalt
Österreich **Perma Vitae** www.permavitae.org	Gemeinnütziger Verein	Ausbildungsakademie für nachhaltige Landwirtschaft, im Aufbau
Österreich **Perma-Norikum** Verein zur Förderung der Permakultur im regionalen Bereich www.perma-norikum.net	Verein	Träger des Permakultur-Festivals 2012. Setzt sich für die Etablierung regionaler Permakulturgruppen ein. Siehe auch Bernhard Gruber unter www.permakultur.biz
Österreich **Permakultur Austria** Gesellschaft zur Förderung von Bodenkultur und menschlichem Handeln im Sinne von Nachhaltigkeit und Naturnähe www.permakultur.net	Verein mit verschiedenen Landesstellen in Österreich	Herausgeber des Permakultur-Austria-Magazins. Zertifikatskurse, Workshops, Spezialkurse u.a. Fortbildungsangebote.
Österreich **PIA Permakulturakademie im Alpenraum** Therapiegarten – Institut für Pflanzenmedizin und Naturerfahrung GmbH www.permakultur-akademie.com	Fortbildungsunternehmen	Einführungs-, Zertifikats- und Diplomkurse in Permakultur österreichweit, Südtirol und Bayern. Herausgeber der deutschen Übersetzung des Buches von Bill Mollison „A Designer's Manual" unter dem Titel „Permakultur-Gestaltung".
Österreich **Ederhof** Permakulturhof in der Großglocknerregion auf 1.200 m Höhe www.permakultururlaub.at	Bauernhof mit Ferienwohnung	Hofanlage mit Elementen der Permakultur zum Urlauben und Kennenlernen einer Permakulturanlage.
Österreich **PermaKulturTirol** Permakulturprojekte und -versuche in Tirol www.permakulturtirol.at	Informations-Website	88-Stunden Permakultur-Zertifikatskurs und Stammtisch in Innsbruck

Name	Typ	Angebot
Deutschland **Zentrum Prinzhöfte** Verein für ganzheitliches Lernen e.V. www.zentrum-prinzhoefte.de	Fortbildungszentrum	Permakulturschaugarten
Deutschland **Hannelore Zech** www.so-gehts-euch-gut.de	Kräutergärtnerei und Waldgarten	Seminare für permakulturelle Möglichkeiten in kleinen und mittelgroßen Gärten; Möglichkeiten zur größt- möglichen Selbstversorgung; Landau an der Isar. Weitere Kurse unter www.waldgarten-laimer.de
Deutschland **Weltengeist e.V.** www.seventh-generation.de	Verein zur Förderung des Natur- und Umweltschutzes	Permakulturkurs auf Gut Lamplstätt, Soyen; 13-tägiges Seminar
Deutschland **Initiative Permakulturnetzwerk Bayern** www.permakulturnetzwerkbayern. wordpress.com	Website	Vernetzungsplattform für Bayern, Hannelore Zech
Deutschland **Georg Hahn** www.hahnhof.info	Biobauer und Permakulturist	Vorträge zu nachhaltiger Landwirtschaft, Sensenmäh- und Dengelkurse
Deutschland **Lebensfeld Jaksch** Hubert Jaksch www.hubertjaksch.de	Biobauer und Referent für Kurse im Betreiben von Gemüsefeldern	Seminare: Private Lebensmittellagerung, Milchverarbei- tung zur Selbstversorgung, Sauerkrautherstellung, Anle- gen von Feldmieten und Erdkellern, Terra-preta-Semi- nare; Vorträge und persönliche Beratung auf Anfrage
Schweiz **Markus P. Pölz** www.permakultur-design.com	Permakulturdesigner	Planung und Beratung bei Permakulturprojekten sowie Seminarangebot
Schweiz **Verein Permakultur Schweiz** www.permakultur.ch	Kursprogramm und Vernetzungsmöglichkeiten	Permakulturtraining, inklusive 72-Stunden-Kurs nach Bill Mollison

Verzeichnis der Fachbegriffe

A

Abfälle, organische: alles was verrottet und wieder zu Erde wird, z.B. Obst- und Gemüseabfälle, Kaffeefilter, Papier, Baumwoll-, Seiden- oder Wolltextilien. Nicht-organische Abfälle sind Metalle oder Kunststoffe. Paradoxerweise sind für den Chemiker auch Kunststoffe „organische Verbindungen", da sie u.a. aus Kohlen(wasser)stoffverbindungen bestehen – die Stoffe, aus denen auch Lebewesen gemacht sind.

Agrochemie: Chemikalien, anorganische (z.B. Kaliummonophosphat) wie organische Syntheseprodukte (z.B. synthetische Pestizide; „organisch" deswegen, weil sie aus Erdöl, einem Kohlenwasserstoff, gemacht wurden, es sind aber künstliche Verbindungen!). Sie kommen hauptsächlich in der konventionellen Landwirtschaft zur Anwendung.

B

Biodiversität: Biodiversität umfasst alle Lebensformen in unterschiedlichen Lebensräumen und Ökosystemen und beinhaltet die genetische Vielfalt der Arten (Pflanzen, Tiere, Pilze, Bakterien).

Biologische Landwirtschaft: Wird auch als ökologische Landwirtschaft bezeichnet und dient der Produktion und Herstellung von Lebensmitteln und weiterer landwirtschaftlicher Erzeugnisse auf der Grundlage von möglichst naturschonenden Produktionsmethoden.

E

Extensive Bewirtschaftung: Wirtschaftsweise mit einer möglichst schonenden Behandlung von Natur und Umwelt, in der der Ertrag an zweiter Stelle steht.

F

Fungizid: Mittel gegen Pilzbefall

G

Gründüngung: Zwischen- oder Übergangskultur zur Abdeckung und Beschattung des Bodens, welche die Erde intensiv durchwurzelt. Sie verbessert und stabilisiert die Bodenstruktur und macht die Erde fruchtbarer. Einsaaten von Arten wie Kleesorten, Lupinen, Erbsen und Wicken binden Luftstickstoff im Boden, andere wie Phacelia oder Gelbsenf bringen viel Grünmasse. Die Ansaat von Gründüngung dient primär der Verbesserung der Bodenqualität und ist sekundär eine Düngerart.

H

Herbizid: Unkrautvernichtungsmittel

Hybridsaatgut: Zwei reinerbige Inzuchtlinien als Elterngeneration werden miteinander gekreuzt. Die aus den Samen entstehenden Pflanzen sind in der äußeren Erscheinung einheitlicher (Heterosis-Effekt) und liefern einen hohen Ertrag. Die Pflanze liefert mitunter jedoch Samen, die im nächsten Jahr nicht mehr verwendet werden können. Hybridsaatgut muss dann jedes Jahr neu gekauft werden, das ist ungefähr wie die Kreuzung aus Pferdestute und Eselhengst: das „Muli" (Maultier) ist nicht fortpflanzungsfähig. Im Gegensatz dazu steht „samenfestes Saatgut", das neu gewachsene Saatgut kann wieder verwendet werden.

I

Insektizid: Insektenvernichtungsmittel

Intensive Bewirtschaftung: Wirtschaftsweise mit großem Kapital- und Arbeitsaufwand, um möglichst hohe Erträge zu erzielen, weitgehend ohne Berücksichtigung langfristig angelegter ökonomischer sowie ökologischer Kriterien.

K

Konventionelle Landwirtschaft: Monokulturen und Massentierhaltung, Gemüse und Obst aus Hybridsorten und weitgehend uneingeschränkter Einsatz von Agrochemie, manchmal auf derart ausgelaugtem Boden, dass ohne Kunstdüngemittel und der ganzen Palette an Pestiziden hier nichts wachsen würde.

M

Molluskizid: Vernichtungsmittel gegen Schnecken und ähnliche Weichtiere

Mulchen: Abdeckung der offenen Bodenfläche mit organischen Materialien wie Stroh, Rasen- und Grasschnitt, Laub und Häckselgut aus dem eigenen Garten (bitte kein gekaufter Rindenmulch, siehe dort). Verbessert Luft sowie Wasserhaushalt und führt dem Boden organische Masse zu. Achten Sie darauf, dass das Heu geerntet wurde, bevor sich Samenstände ausbilden konnten, da Ihnen sonst die Samen ungewollter Beikräuter wieder auskeimen können.

P

Permakuturelle Landwirtschaft: Durch eine ganzheitliche Betrachtung der Abläufe wird modernes Wissen genutzt, um die negativen Wechselwirkungen der konventionellen Monokulturlandwirtschaft zu vermeiden. Es werden nachhaltige und komplexe Lebensräume und Systeme geschaffen, welche auch **langfristige** ökonomische und soziale Kriterien berücksichtigen.

R

Rodentizid: Vernichtungsmittel gegen Ratten und andere Nagetiere

Rindenmulch: dient dazu, Beigräser auf Wegen oder in Beeten zu verdämmen. Grundsätzlich gilt jedoch in der Permakultur, ein Material zu verwenden, das mit geringstem Aufwand bereitgestellt werden kann. Kommerzieller Rindenmulch hat meist einen langen Transportweg hinter sich und wurde in der Regel mit Chemikalien behandelt. Somit ist das Material für jegliche biologische Landwirtschaft nicht geeignet. Für Rindenmulch, den ich vor Ort herstelle oder aus einer nahen und chemikalienfreien Quelle bekommen kann, gilt: Rindenmulch von Laubhölzern, z. B. der Erle, ist unbedenklich. Eichen- oder Buchenrindenmulch ist bereits ungünstiger hinsichtlich der Verrottungsgeschwindigkeit; am schlechtesten ist Mulch von Kiefern, Fichten oder Lärchen. Das Material verrottet zu langsam und übersäuert den Boden.

W

WWOOFing: abgeleitet von WWOOF, World-Wide Opportunities on Organic Farms, das WWOOFing ist für manche Menschen eine Lebensweise: Sie ziehen durch die Welt und arbeiten auf biolandwirtschaftlichen Betrieben gegen Kost und Logis und manchmal ein Taschengeld. Stellenvermittlung über www.wwoof.org. Eine Möglichkeit für das Sammeln praktischer Erfahrung in der Landwirtschaft.

Weiterführende Literatur und Quellen

Kapitel 1: Permakultur: Natur & Leben

Brunner, Sepp und Margit: Permakultur für alle: Harmonisch leben und einfach gärtnern im Einklang mit der Natur. Verlag Eugen Ulmer, Stuttgart, Deutschland
Ein gutes Buch zur Permakultur im ländlichen Bereich, gute praktische Anleitungen.

Heistinger, Andrea; Arche Noah; Pro Specie Rara (Hrsg.): Handbuch Samengärtnerei: Sorten erhalten, Vielfalt vermehren, Gemüse genießen. Löwenzahn Verlag, Innsbruck, Österreich
Ein wunderschön bebildertes Buch zu den Themen: „Wie kann ich meine Lieblingssorten weiter vermehren?", „Was kann ich zur Erhaltung der Sortenvielfalt beitragen?" etc. Es gilt als Standardwerk für die eigene Saatgutgewinnung.

Holzer, Sepp: Der Agrar-Rebell. Leopold Stocker Verlag, Graz, Österreich, 8. Aufl.
Das Buch bringt dem interessierten Leser die Lebensgeschichte von Sepp Holzer nahe, von seinen Anfängen auf dem elterlichen Bergbauernhof über den Kampf mit den Behörden bis zu seinen Projektberatungen im Ausland. Der Abschnitt „Permakultur auch in der Stadt" beleuchtet anhand eines Fallbeispieles, wie bisher unerkannte Möglichkeiten auf der Wohnungsterrasse ausgeschöpft werden können.

Holzer, Sepp: Sepp Holzers Permakultur: Praktische Anwendung für Garten, Obst und Landwirtschaft. Leopold Stocker Verlag, Graz, Österreich, 4. Aufl.
Grundlagen der Permakultur auf dem Krameterhof von Sepp Holzer. Für die urbane Permakultur von Interesse sind das Kapitel über Pilzzucht sowie die Abschnitte „Natürliche Dünger", „Besonderheiten bei Stadtgärten" und die „Pflanzenliste".

Rotter, Stefan: Der Krameterhof: Ökologische Produkt- und Flächenbewertung eines Permakulturbetriebes im Lungau. Verlag: Sepp Holzer im Eigenverlag
Die fast 40-seitige Broschüre ist eine gekürzte, leicht veränderte Fassung einer Diplomarbeit, die am Institut für Umwelt und Wirtschaft der Wirtschaftsuniversität Wien approbiert wurde. Sie ist leicht verdaulich und verständlich geschrieben und für jenen Leser interessant, der mehr fachlich-wissenschaftliche Details über Sepp Holzers Krameterhof wissen möchte. Der Autor schlussfolgert: „Die Produktionsweise am Krameterhof ist im Vergleich zur konventionellen Landwirtschaft umweltfreundlicher".

Kapitel 2: Betonwüste & Bordüren

Müller, Ch. (Hrsg.): Urban Gardening: Über die Rückkehr der Gärten in die Stadt. oekom verlag, Gesellschaft für ökologische Kommunikation mbH. München, Deutschland

In diesem ersten „Urban-Gardening"-Buch im deutschsprachigen Raum werden verschiedene Projekte in deutschen Städten sowie im Ausland, insbesondere im Hinblick auf ihre sozialpolitische Dimension, vorgestellt. Die Autoren dieses Werkes stammen überwiegend aus dem akademischen Umfeld; die Kapitel erlebt der Leser mitunter als ausgesprochen literarisch und wortgewandt. Praktische Anleitungen zum Selbermachen findet er hier weniger. Permakultur wird nicht speziell thematisiert.

Müller, Christa: Wurzeln schlagen in der Fremde: Die Internationalen Gärten und ihre Bedeutung für Integrationsprozesse. oekom verlag, Gesellschaft für ökologische Kommunikation mbH. München, Deutschland

Befasst sich speziell mit dem Aufbau von Gärten und der Auswirkung auf Integrationsprozesse von Migranten. Enthält am Ende Tipps, Hinweise und Rat von der Grundstückssuche, Vereinsgründung und Kostenkalkulation bis zur Konfliktschlichtung.

Kapitel 3: Wühlmäuse, Maulwürfe & Rebellen

Blanc, Patrick: Vertikale Gärten: Die Natur in der Stadt. Verlag Eugen Ulmer, Stuttgart, Deutschland

Faszinierende Projekte und prachtvolle Abbildungen urbaner Fassadenbegrünung in Hydrokultur, allerdings eher zum Bestaunen, weniger zum Selbermachen.

Mader, Günter: Geschichte der Gartenkunst – Streifzüge durch vier Jahrtausende. Verlag Eugen Ulmer, Stuttgart, Deutschland

Für jene Leser, die tiefer in die Geschichte historischer Gartenformen einsteigen möchten. Enthält weitere Informationen zu Château Villandry. Ohne Bezug zur Permakultur.

Restany, Pierre: Die Macht der Kunst – Hundertwasser – Der Maler-König mit den fünf Häuten. Taschen-Verlag, Köln, Deutschland

Das Buch ist eines von vielen über den Künstler Hundertwasser, fokussiert auf seinen Werdegang unter Berücksichtigung des 5-Häute-Konzeptes.

Reynolds, Richard: Guerilla Gardening: Ein botanisches Manifest. Verlag orange-press, Freiburg, Deutschland

Hierin steht, wie es geht – eine Anleitung zum Guerilla-Gärtnern. Dazu die geschichtliche Entwicklung der Bewegung und Fotos von Aktionen und Aktivisten aus aller Welt. Das Buch zum Thema.

The Prince of Wales, Juniper, T. und Skelly, I.: Harmonie: Eine neue Sicht unserer Welt. Riemann Verlag München, Deutschland

Fast 400 Seiten mit vielen hervorragenden Farbfotos, Berichte über Umweltzerstörung und über positive Initiativen für eine lebenswertere Zukunft und Visionen für die Städte des 21. Jahrhunderts.

Kapitel 4: Chancen zwischen Dachfirst & Pflasterstein

Natur im Garten: Grundlagen naturnahen Gärtnerns. Teil I: Planung. www.naturimgarten.at. St. Pölten, Österreich (am 31. Dez. 2011 abgerufen):

Nomadisch Grün: Prinzessinnengärten. Anders gärtnern in der Stadt. Dumont Buchverlag, Köln, Deutschland
Spezialgebiet: mobile urbane Landwirtschaft. Neu!

Rasper, Martin: Vom Gärtnern in der Stadt: Die neue Landlust zwischen Beton und Asphalt. oekom verlag, Gesellschaft für ökologische Kommunikation mbH. München, Deutschland. Neu!

Kapitel 5: Designerschuhe aus – Gummistiefel an!

Gorgolewski, M.; Komisar, J. und Nasr, J.: CARROT CITY: Creating places for urban agriculture. Monacelli Press/Random House, New York, USA
Umfassend bebildertes Buch über urbane Landwirtschaft vorwiegend mit Projekten aus den USA und Kanada, z.T. Großprojekte in Planung. Zielgruppe: Stadtplaner, Architekten, Landschaftsarchitekten, aber auch als Inspiration für jedermann.

Heistinger, Andrea; Arche Noah: Handbuch Bio-Balkongarten: Gemüse und Kräuter auf kleiner Fläche ernten. Verlag Loewenzahn, Innsbruck, Österreich
Neuerscheinung 2012!

Klanten, R., Ehmann, S. und Bolhöfer, K.: My Green City: Back to Nature with Attitude and Style. Gestalten Verlag, Berlin, Deutschland
In der Tat ein stylisches Buch, das dem Leser anhand sehr schöner Bilder vor Augen führt, dass Grünes nichts Anrüchiges und ein „Zurück zur Natur" mit Haltung und Stil attraktiv ist. Hierin ist eine Fülle „grüner Stadtprojekte" prägnant beschrieben.

Kapitel 6: Pflanzenlatein

Arche Noah: Sortenhandbuch 2011/2012: Samen & Pflanzen. Erhalterinnen & Erhalter. Arche Noah Nachschlagewerk für Gemüse, Feldfrüchte, Obst, Wildobst, seltene Gemüsearten, Gewürze, Tee- und Heilpflanzen, Zierpflanzen & essbare Wildpflanzen u.a.

Don, Monty: Genial gärtnern: Biologisch und naturnah. Dorling Kindersley Verlag, München, Deutschland
Kein Permakulturbuch, trotzdem sehr wertvoll zur umfassenden Wissenserweiterung in Sachen biologischer Landwirtschaft.

Heistinger, Andrea: Arche Noah Handbuch Biogemüse. Löwenzahn Verlag, Innsbruck, Österreich
Sehr wertvolles Handbuch mit vielen praktischen Tipps!

Offener Brief von Sepp Holzer

An die Verantwortlichen in Politik, Wirtschaft und Wissenschaft:
Probleme der Gegenwart und meine Lösungsvorschläge (gekürzte Fassung)

[...] Jeder „Erdenbürger" hat ein Anrecht, von Geburt aus, auf ein Stück Erde. Eine Landreform, die dies berücksichtigt, ist längst überfällig [...]
[...] Durch das Beobachten deiner Mitlebewesen wirst du feststellen, dass die Natur perfekt ist und die Schöpfung an alle gedacht hat; dass alles miteinander in Verbindung steht und dass es hier nichts zu verbessern gibt. Es ist deine Aufgabe, das zu bewahren [...]

1. Generationenproblem – eine große Lücke in unserer Gesellschaft

Unsere Eltern und Großeltern langweilen sich zu Tode in den Altersheimen. Die Kinder und Enkelkinder verblöden bei den PC-Spielen/Videospielen und vor dem Fernseher. [...]

[...] Zu jedem Kindergarten gehört ein Garten, zu jeder Schule eine Landwirtschaft und zu jeder Universität ein Gutshof. Das sind die praktischen Experimentiermöglichkeiten und Ausbildungsstätten für die Zukunft unserer Kinder und somit für die Zukunft der Gesellschaft.

2. Bildung – Spezialisierung – Fortschritt – Verblödung

Durch die heutige [...] Ausbildung werden junge Menschen von der Natur weg erzogen und entwurzelt. Wenn du die Zusammenhänge, Wechselwirkungen und Symbiosen im Kreislauf der Natur nicht selbst beobachtet hast, kannst du sie auch nicht erkennen und verstehen.

[...] Was ist die Folge? Anstatt zu begreifen, wie die Kreisläufe der Natur funktionieren, glaubst du, du kannst sie verbessern und fängst an, sie zu bekämpfen, statt zu begreifen. Deine Aufgabe wäre, nur lenkend in die Natur einzugreifen. Hausverstand und kreatives Denken sind gefordert [...]

3. Der Bauer ist die Seele des Volkes! Stirbt der Bauer, stirbt das Land!

Durch die verordnete Landbewirtschaftung geht altes Kulturgut unwiederbringlich verloren. Alte und seit Jahrhunderten bewährte Veredelungs- und Verarbeitungsmethoden werden per EU-Verordnung verhindert bzw. verboten. Zentrale, riesige Verarbeitungsstätten wie Schlachthöfe, Großbäckereien, Brennereien, Molkereien und Käsereien usw. werden mit der Verarbeitung beauftragt und hoch gefördert. Damit diese jedoch ausgelastet sind, hat man den Bauern die Möglichkeiten der Selbstverarbeitung und Veredlung ihrer eigenen Produkte erschwert bzw. entzogen.

[...] Der Bauer als Sklave auf seinem eigenen Hof, meist hoch verschuldet durch die Übermechanisierung und Spezialisierung, abgerackert, bevormundet und von all den administrativen Aufgaben und Schikanen unseres aufgeblähten Verwaltungsapparates überfordert, fristet er sein Leben in der totalen Abhängigkeit. [...]

4. Die Lösung aller Probleme

[...] Versetze dich hinein in dein Gegenüber, in die Pflanzen, Tiere, ja auch den Menschen und frage dich, ob du dich an dessen Stelle wohl fühlen würdest. Die Pflanze und das Tier fühlen sich dann wohl, wenn sie im richtigen Biotop und in Freiheit leben können.

Den größten Erfolg und Vorteil hast du, wenn du die Geschicke richtig lenkst. Den Boden nutzen und nicht ausnutzen. Vielfalt und nicht Einfalt erhält das System. Es ist dein Auftrag der Schöpfung, die Geschicke zu lenken und nicht zu bekämpfen. [...] Angst wird dir eingeflößt – befreie dich davon, denn Angst ist der schlechteste Begleiter im Leben. Durch einen respektvollen Umgang mit der Schöpfung und deinen Mitlebewesen profitierst du selbst am meisten und Bauer sein wird zum schönsten Beruf.

Danksagung

An allererster Stelle gilt unser Dank Sepp Holzer und seiner Familie sowie allen anderen Ausbildern des 3. Permakulturpraktikerkurses am Krameterhof (2010) – ohne diese Fortbildung hätten wir uns als Autorenteam weder gefunden noch berufen gefühlt, ein Buch zu diesem Thema zu verfassen. Zwischen der Konzepterstellung und der Manuskriptabgabe lagen knappe vier Monate, in denen uns viele, wirklich viele von der Sache begeisterte Menschen für Gespräche zur Verfügung standen, uns bereitwillig mit anderen Permakulturisten vernetzten, bei Interviews zu ihren Projekten Rede und Antwort standen und uns mit aussagekräftigem Bildmaterial versorgten – größtenteils honorarfrei, was die reichhaltige Bebilderung dieses Buches überhaupt erst ermöglicht hat. Vielen Dank dafür! Wir können hier nicht alle Personen namentlich erwähnen, möchten jedoch einige für ihren besonderen Einsatz hervorheben:

- Tanja Braune von NEWS LEBEN für den zündenden Funken und den Kontakt zum Kneipp-Verlag
- Bernhard Gruber für eine Vielzahl an Permakultur-Tipps, Projekten sowie hilfreichen Informationen
- Georg Hahn für die ausgiebige Führung durch seinen Hof
- Elisabeth Schmuck von der Transition-Town-Initiative bei München für die Führung durch die Hohenbrunner Krautgärten
- Roderich Proksch für die vielfältigen Handzeichnungen
- Nina Wöbbekind für das Zurverfügungstellen ihrer Diplomarbeit „Urbane Gartenmodule"
- Familie Peham für die umfangreiche Unterstützung
- Eike Fiebrig-Kroll und Ina Kappel für das Gegenlesen des Manuskriptes

Ohne die modernen Medien und ihre Nutzer, insbesondere was einschlägige Foren, Wikipedia, Skype oder Facebook betrifft, wäre dieses Buch niemals in solch kurzer Zeit mit einer Fülle an Information bereichert worden. Ein Dankeschön an die Urheber und Autoren!

Schließlich gilt unsere Dankbarkeit dem Kneipp-Verlag Wien und seinen Mitarbeiterinnen, die uns als Autoren Mut machten und uns unterstützten, das Unmögliche Wirklichkeit werden zu lassen, sowie nochmals Sepp Holzer für seinen selbstlosen Einsatz in nächtelangen Beratungen zu diesem Buch und seinen Inhalten.

Bildverzeichnis

Der Bildnachweis erfolgt Seite für Seite
von links nach rechts und von oben nach unten.

Seite 6: Anger/Fiebrig/Schnyder
Seite 7: Anger/Fiebrig/Schnyder
Seite 9: Karl v. Liechtenstein
Seite 11: Anger/Fiebrig/Schnyder
Seite 15: Herwig Kerschbaumer
Seite 17: Pedro Salvadore
Seite 19: Anger/Fiebrig/Schnyder
Seite 21: Bernhard Gruber
Seite 22: Anger/Fiebrig/Schnyder
Seite 23: Anger/Fiebrig/Schnyder
Seite 24: Anger/Fiebrig/Schnyder
Seite 27: Anger/Fiebrig/Schnyder
Seite 28: Anger/Fiebrig/Schnyder
Seite 29: Anger/Fiebrig/Schnyder
Seite 30: Anger/Fiebrig/Schnyder
Seite 31: Anger/Fiebrig/Schnyder
Seite 32: Anger/Fiebrig/Schnyder
Seite 34: iStockphoto.com
Seite 35: Anger/Fiebrig/Schnyder
Seite 36: Anger/Fiebrig/Schnyder
Seite 37: Anger/Fiebrig/Schnyder
Seite 39: Julius Silver
Seite 40: Friedrich Teschmer
Seite 41: Henry Cavallo
Seite 42: Henry Cavallo
Seite 43: Patrick Blanc
Seite 44: Patrick Blanc
Seite 45: Green City e.V.
Seite 46: Green City e.V.
Seite 47: Green City
Seite 48: Alexander Koller; Michaela Riess
Seite 52: Anger/Fiebrig/Schnyder
Seite 53: Jules Dervaes
Seite 55: Anger/Fiebrig/Schnyder
Seite 56: Roderich Proksch
Seite 57: Roderich Proksch
Seite 58: Anna Rosinke; Anger/Fiebrig/Schnyder
Seite 59: Anger/Fiebrig/Schnyder
Seite 60: Daniel Delang
Seite 61: Roderich Proksch
Seite 62: Roderich Proksch; Anger/Fiebrig/Schnyder
Seite 63: Tilla Künzli
Seite 64: AGROPOLIS München
Seite 66: Anger/Fiebrig/Schnyder
Seite 67: Anger/Fiebrig/Schnyder
Seite 68: Roderich Proksch; Anger/Fiebrig/Schnyder
Seite 69: Anger/Fiebrig/Schnyder
Seite 71: Nick Green, Todmorden
Seite 72: Nick Green, Todmorden; Roderich Proksch
Seite 73: Velcrow Ripper/www.occupylove.org
Seite 74: Velcrow Ripper/www.occupylove.org
Seite 75: Bernhard Gruber; Tilla Künzli
Seite 76: Doris S.
Seite 77: Doris S.

Seite 78: Roderich Proksch; Bernhard Gruber
Seite 79: Markus Pölz
Seite 80: Markus Pölz
Seite 81: Markus Pölz
Seite 82: Markus Pölz
Seite 83: Krameterhof; Roderich Proksch
Seite 85: Andreas Roseneder
Seite 87: Roman Stark
Seite 88: Otto Graf GmbH
Seite 89: Anger/Fiebrig/Schnyder
Seite 90: Bernhard Gruber; Anger/Fiebrig/Schnyder (2);
         Ursula Resch
Seite 91: Anger/Fiebrig/Schnyder
Seite 93: Jules Dervaes
Seite 94: Jules Dervaes
Seite 95: Jules Dervaes
Seite 96: Jules Dervaes
Seite 97: iStockphoto.com
Seite 98: Dalia A. Soriano
Seite 99: Green City e.V.
Seite 100: Noa Peled
Seite 101: Noa Peled (2); Roderich Proksch
Seite 102: Familie Peham
Seite 103: Familie Peham
Seite 104: Bernhard Gruber; Roderich Proksch
Seite 105: Bernhard Gruber
Seite 106: Bernhard Gruber
Seite 107: Bernhard Gruber
Seite 109: Bernhard Gruber
Seite 110: Bernhard Gruber
Seite 111: Bernhard Gruber
Seite 112: Vanessa Blind
Seite 114: Sven Horner
Seite 115: Anger/Fiebrig/Schnyder
Seite 116: Anger/Fiebrig/Schnyder
Seite 117: Anger/Fiebrig/Schnyder
Seite 118: Ulrike Dietschy
Seite 119: AGROPOLIS München (li.);
          Anger/Fiebrig/Schnyder (re. 2)
Seite 120: iStockphoto.com
Seite 121: MA 22
Seite 122: MA 48
Seite 123: MA 22
Seite 124: Anger/Fiebrig/Schnyder
Seite 127: Andreas Jakwert
Seite 128: Urban Farmers (ob. 2); Anna Rosinke (u.)
Seite 129: Andreas Jakwert; Anna Rosinke
Seite 131: Anna Rosinke
Seite 133: Ben Hejkal
Seite 134: Ben Hejkal
Seite 135: Ben Hejkal
Seite 136: Bernhard Gruber
Seite 137: Bernhard Gruber
Seite 138: Andreas Roseneder
Seite 140: Anger/Fiebrig/Schnyder
Seite 151: Anger/Fiebrig/Schnyder